KOMPASS

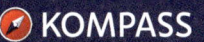

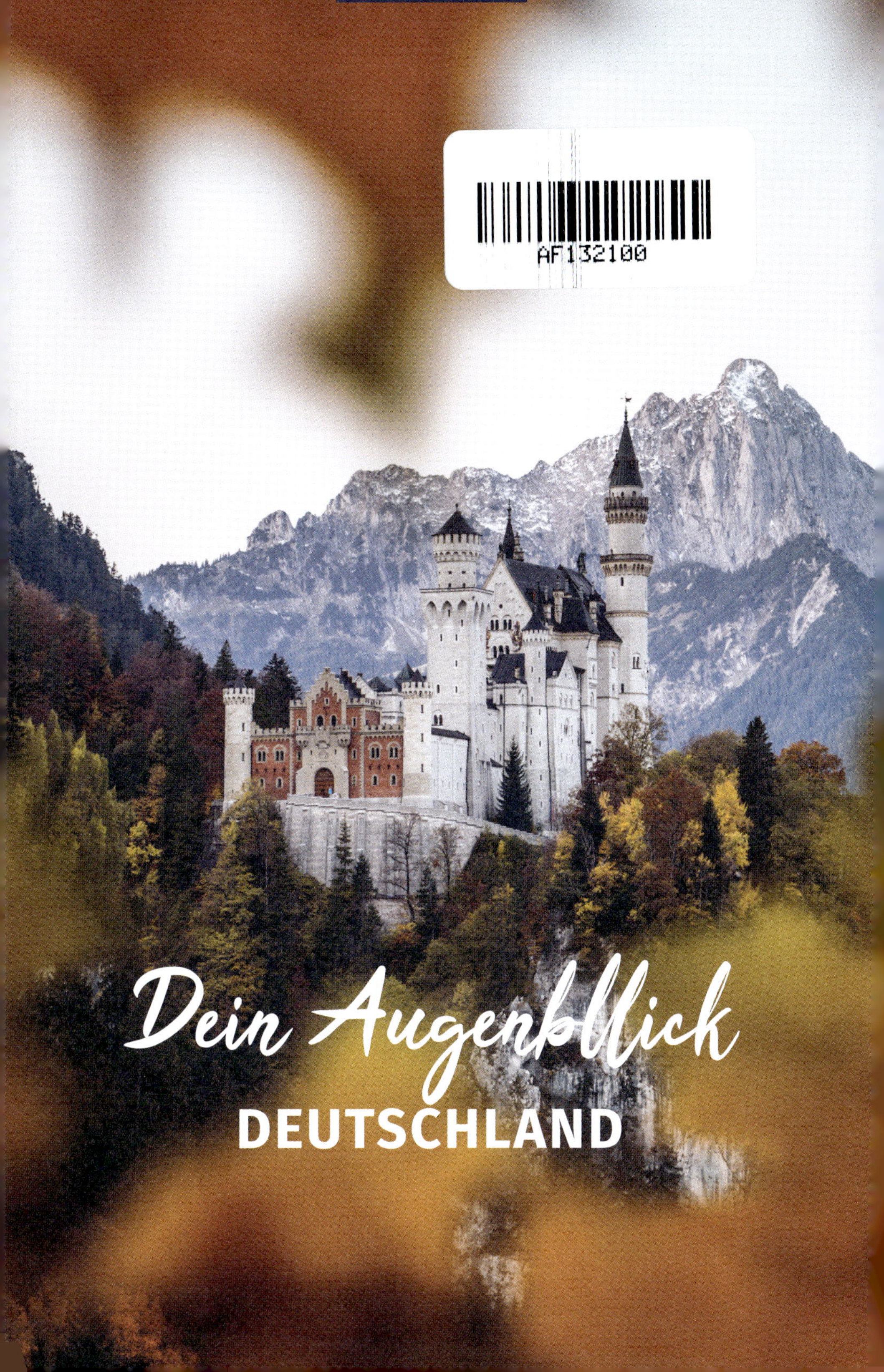

Dein Augenblick

DEUTSCHLAND

DEUTSCHLAND

Deine 30 Touren in der Bundesrepublik.

HULL

ESBERG
ESBJERG

30

29   28

BREMERHAV

NORWICH

GRONINGEN

NIEDERLANDE

BREMEN

CAMBRIDGE

AMSTERDAM

HANNOV

ROTTERDAM

MÜNSTER

BIELEF

SOUTHEND-ON-SEA

15

16

14

ANTWERPEN

DORTMUND

CALAIS

KÖLN

KASSEL

LILLE

13

AACHEN

SIEGEN

BELGIEN

KOBLENZ

AMIENS

12

ROUEN

LUXEMBURG
LUXEMBOURG

11

FRANKFURT
AM MAIN

PARIS

KAISERSLAUTERN

MANNHEI

SAARBRÜCKEN

KARLSRUHE

4

FRANKREICH

3

STRASSBURG
STRASBOURG

STUTTGART

ULM

FREIBURG IM
BREISGAU

1

Gebietsübersicht

2

BASEL

ZÜRICH

SANKT
GALLEN

BERN

SCHWEIZ

Legende

2 Dein Überblick – alle Touren in einer Karte verortet

6 Deine Augenblicke – die Essenz, die Touren

16 Moderne Seilschaft – die Autoren, mit denen du aufbrichst

18 Deine Verantwortung – respektiere die Natur

20 Deinen Augenblick festhalten – fotografieren im Freien

24 Dein Deutschland – Landschaft, Geschichte, Infos

26 Deine Touren – Beschreibungen Schritt für Schritt

Feldberg · 1493 m

Der „Höchste", wie der Feldberggipfel auch oft genannt wird, ist ein touristisch außergewöhnlich stark erschlossenes Ausflugsziel.
Seite 28

Von Lindau nach Wasserburg

Zwei der ganz großen Bodensee-Highlights, verbunden durch einen gemütlichen Seespaziergang.
Seite 34

Vom Tegelberghaus nach Füssen

Ausflug zu den Märchenschlössern: Eine Bergab-Tour mit Traumausblick.
Seite 52

Zugspitze – Durch das Reintal

Länger geht's nimmer: Die Zugspitze „by fair means", von ganz unten bis ganz oben.
Seite 58

Steinmäuerle – Schliffkopf

Der Schliffkopf im Nationalpark ist der beste Aussichtsberg im Nordschwarzwald, in seinem Osthang entspringt die Murg.
Seite 40

Wein- und Waldweg

Weinberge, Waldesstille und eine Aussichtswarte erwarten uns auf dem FE6, dem Wein- und Waldweg im Süden von Fellbach.
Seite 46

Zum Watzmannhaus

Es muss ja nicht gleich der höchste Punkt des sagenhaften Gebirgsmassivs über dem Königssee sein. Allein schon der Weg zum Watzmannhaus führt durch eine schier unglaubliche Landschaftsvielfalt. **Seite 66**

Großer Arber – Kleiner Arber

Der höchste Gipfel des Bayerischen Waldes überragt die Waldgrenze als einziger Berg der Region. Für das Gipfelplateu bedeutet das eine herrliche Aussicht.
Seite 72

Pegnitztal und Burg Hohenstein

Steile Felsen, Mäander und eine wunderschöne Eisenbahnstrecke. Mitunter scheint nicht genug Platz zu sein für Straße, Fluss und Bahn im wildromantischen Tal der Pegnitz.
Seite 78

10

Dreigestirntour rund um Bad Staffelstein

Gleich drei fantastische Ausflugsziele stehen im „Gottesgarten am Obermain": Kloster Banz, die Wallfahrtskirche Vierzehnheiligen und das Hochplateau des Staffelbergs.
Seite 84

11

Rotenfels

Die größte Steilwand zwischen den Alpen und Skandinavien.
Seite 90

12

Königstein – Falkenstein

Impressionistische Sonnenuntergänge auf Logenplätzen erwarten einen im Taunus mit perfektem Blick auf Frankfurt.
Seite 96

13

Monschau – Perlenbachtalsperre

Zwischen 1953 und 1955 wurde sie erbaut, die Perlenbachsperre, die ihren Namen nicht von ungefähr trägt: ab 1435 stand die Perlenfischerei im Perlenbach der örtlichen Obrigkeit zu. **Seite 102**

Tiger and Turtle – die Achterbahnskulptur

Wir besichtigen und begehen die zur Zeit wohl spektakulärste Kunstinstallation im Ruhrgebiet – die Tiger & Turtle-Skulptur. Sie befindet sich im Süden Duisburgs auf einer ehemaligen Schlacken- und Schutthalde. **Seite 108**

Auf die Halde Haniel

Ein bisschen wie auf einer Bergtour fühlt man sich an der Halde Haniel, wenn man oben auf das Gipfelkreuz trifft. Unterwegs ist man hier auf dem Abraum des ehemaligen Steinkohlenbergwerks Prosper-Haniel. **Seite 114**

Die Brocken-Rundwanderung

Der Brocken-Rundwanderweg leitet als exzellenter Panoramaweg vom Brockenbahnhof durch die Hänge und auf den höchsten Gipfel im deutschen Norden. **Seite 126**

Die Blankenburger Teufelsmauer

Diese aussichtsreiche Felsenwanderung führt uns zu einem drachenkammartigen Steingebilde. **Seite 132**

Von Rüthen nach Warstein

Die Sauerland-Waldroute ist mit Bus und Bahn gut erreichbar. Natur und Industrie sind dort auf einem Weg erlebbar.

Seite 120

Königstein – Pfaffenstein – Barbarine

Ein Felszacken, den man gesehen haben muss – ein Schnippchen, das der Schwerkraft geschlagen wurde und ein steinernes Symbol der ganzen Region!
Seite 138

Bastei – Uttewalder Grund – Rathewalde

Entlang dieser Route ist einiges an Auf und Ab zu überwinden – aber es lohnt sich!
Seite 144

Glienicke – Pfaueninsel – Nikolskoe

Auf der Pfaueninsel ließ Friedrich Wilhelm II. ein romantisches, kleines Schlösschen errichten.
Seite 162

Wustrau – Radensleben – Neuruppin

Beliebte Wanderung durch Wälder und Alleen entlang des Ruppiner Sees.
Seite 168

Schlepzig – Lübben

Wälder, Teiche, Sandrasen und Feuchtwiesen.
Die Fauna und Flora des Spreewalds versetzen
immer wieder ins Staunen.
Seite 150

Die „Rote" Insel

Die Stadttour führt zu einem Teil der Stadt,
den sich die Natur wieder zurückerobert.
Seite 156

Rund um den Feisnecksee

Zu einem der vermutlich 1.000 Seen der
Mecklenburgischen Seenplatte.
Seite 174

Rügen: Binz – Granitz – Sellin

Seebäder, Kurhäuser, Sandstrände und weiße
Kreidefelsen bilden die traumhafte Ostsee-
Kulisse.
Seite 180

27

Küstenwanderweg Stoltera und Nienhagener Gespensterwald

Wer ein Schlechtwettermotiv sucht wird hier fündig. Erst bei wenig Licht entfaltet der Wald seine volle mystische Wirkung.

Seite 186

28

29

Sankt Peter-Ordinger-Deichtour

Ein unendlicher Strand mit beeindruckenden Dünenlandschaften, einzigartigen Pfahlbauten und vielen Kite- und Windsurfern.
Seite 194

Helgoland: Klippenrandweg

Hochseeinsel oder doch nicht? Die Tagestouristen genießen jedenfalls gewisse Steuerfreiheiten. Wirklich auf ihre Kosten kommen Ornithologen auf der 4,2 km² kleinen Insel in der Deutschen Bucht.
Seite 200

30

Sylt: Westerland – Rotes Kliff

Das Rote Kliff erstreckt sich auf etwa vier Kilometern und bildet eine einzigartige und imposante Steilkante von knapp 30 Metern Höhe. Es diente den Seefahrern vor lange vergangenen Zeiten sogar zur Orientierung.
Seite 206

Moderne Seilschaft

Der Grundpfeiler unserer Dein Augenblick-Reihe: Talentierte und motivierte FotografInnen, begeisterte BergsteigerInnen und erfahrene AutorInnen.

Es ist die Leidenschaft und der Enthusiasmus aufstrebender Fotografinnen und Fotografen, die unsere „Augenblicke" zu etwas ganz Besonderem machen. Gemeinsam mit versierten BergsteigerInnen und AutorInnen führen sie dich durch die beeindruckendsten Landschaften an dein Ziel und zeigen dir unterwegs die schönsten Ansichten der Region.

Erfahrung zählt, Leidenschaft besteht

In diesem Sammelband haben wir die schönsten Fotospots Deutschlands zusammengetragen. Das Ergebnis: eine Auswahl der spektakulärsten Gipfelausblicke, der idyllischsten Seepanoramen, der romantischsten Wiesenlandschaften und der harmonischsten Licht- und Schattenspiele.

Die einzigartigen Bilder in diesem Buch stammen von den Augenblick- FotografInnen: **Michael Corona** @michael._.corona, **Leo Schindzielorz** @Leoschindzielorz, **Johannes Nickel** @johannesnickel, **Thomas Kargl** @maxlsbilderbuch, **Marco Debus** @debus_clicks, **Anna-Maria Kurz** @annamariakurz, **Katharina Wildenhof** @katharinawildenhof, **Dominik Schmidhuber** @berg_und_tal_fotos, **Christoph Zeug** @christoph.zeug, **Vanessa Faltenbacher** @andersartigkeit, **Marc Wesel** @marcfotografiert, **Tayi-**

siya **Yerygina** @taya_y, **Martin Hübner & Jonas Hübner** @drei_blickwinkel, **Maren Hildebrand** @marenclaudine, **Klaus-Peter Kappest, Janis Wieczorek** @janiswieczorek, **Anne Koehler** @anne.khlr, **Peter Becker** @ spreewaldfotograf, **Fabian Pfitzinger** @travelpixelz, **Manuel Krajewski** @manuelkapunkt, **Katrin Schmidt** @ceramos_17, **Nico Kaiser** @muxpix, **Bernhard Meissner** @ bernimeissner, **Gregor Essi** @grexpix, **Kerstin Bittner** @kerstinbittner_fotografie.

Die Texte und Tourenbeschreibungen stammen von **Jürgen Wachowski, Stephan Bernau, Michael Will, Ralf Enke, Raphaela Moczynski, Wolfgang Heitzmann, Bernhard Pollman** {†}, **Elke Haan, Hans Naumann** und aus dem Archiv des **Kompass Verlags**. Allen Mitwirkenden vielen Dank!

Die ausgewählten und viele weitere Touren findest du in den Dein Augenblick Bänden Nordsee, Ostsee, Ruhrgebiet, Berlin & Brandenburg, Fränkische Schweiz, Bodensee, Sauerland, Region Zugspitze, Remstal & Schwäbischer Wald Backnanger Bucht, Bayerische Alpen, Sächsische Schweiz, Schwarzwald, Eifel, Harz, Deutschland.

Die Reihe „Dein Augenblick" umfasst darüber hinaus noch weitere 36 faszinierende Bände voller Wander- und Fotografietipps über ganz Europa verteilt.

Deine Verantwortung

KOMPASS will dir mit diesem Wanderführer die Schönheit und Einzigartigkeit der Natur vor Augen führen. Hierfür wurden ganz besondere Orte ausgewählt. Sie gewähren dir einen atemberaubenden Blick auf die einzigartige Komposition aus natürlichen Strukturen und Elementen der jeweiligen Landschaft. Manchmal ist für das Auffinden der perfekten Perspektive ein Extraschritt auf schmalem Steig oder in weglosem Gelände erforderlich. Gerade hier gilt es, sich eigenverantwortlich und respektvoll gegenüber der Natur und den Mitmenschen zu verhalten. Die Umwelt zu schützen und den eigenen Fußabdruck minimal zu halten ist Ehrensache.

Einen Moment für die Ewigkeit festzuhalten ist nichts wert, wenn wir die Natur für die Ewigkeit zerstören.

Ehrensache

Respektiere die Natur mit ihrer
Schönheit und ihren Gefahren.

Es zählt das Miteinander. Gegenseitige Hilfe und
Gemeinschaft wiegen mehr als der perfekte Schnappschuss.

Versuche, mit öffentlichen Verkehrsmitteln oder mit dem Fahrrad anzureisen.

Gehe kein Risiko ein. Du willst deine Geschichten
schließlich noch erzählen können.

Nimm mehr Müll mit nach Hause, als du mitbringst.
Beteilige dich am Schutz unserer Umwelt.

Hinterlasse keine Spuren. Das Ökosystem
ist fragil und erholt sich nur langsam.

„Plastik, Dosen und Papier,
sind den Bergen keine Zier.
Trägst du sie voller bis hierher,
trägst du sie heimwärts auch nicht schwer."

Deinen Augenblick festhalten

Der Weg zum perfekten Foto – die Tipps vom Profi

Investiere in dich, bevor du in Ausrüstung investierst

Nicht die Kamera, sondern die Person mit der Kamera in der Hand macht das Foto. Ob das Bild also gelingt, liegt nicht an der Kamera, sondern viel mehr an dir. Deshalb macht es gerade am Anfang Sinn, mehr Zeit und Geld in dich und deine Fähigkeiten zu investieren, bevor du mehrere Tausend Euro in professionelles Kameraequipment steckst. Im Internet findet man zahlreiche kostenlose Videos, mit denen man sich die Grundlagen der Fotografie aneignen kann. Daneben gibt es für ein paar Euros auch Videoworkshops, die einem

neben den Grundlagen der Fotografie auch Wissen zu speziellen Themen, wie zum Beispiel der Landschaftsfotografie, vermitteln. Wer lieber abseits von Monitoren und mit viel Praxis lernen möchte, dem empfiehlt es sich, ‚einen Workshop bei einem Fotografen zu belegen. Diese sind zwar etwas teurer, aber man wendet das Gelernte in der Praxis an und hat die Möglichkeit, direkt Fragen zu stellen. Es war wohl noch nie so leicht, sich die Grundlagen der Fotografie anzueignen. Es liegt also nun an dir, die für dich beste Methode zu finden. Ein paar Grundlagen und Anregungen deine Augenblicke bestmöglich festzuhalten, möchten wir dir aber auch hier im Buch mit auf den Weg geben.

Mit Licht malen

Fotografie bedeutet „Malen mit Licht". Das Licht ist also das bestimmende Medium, mit dem wir arbeiten. Die schönsten Stimmungen zum Fotografieren hat man zum Sonnenaufgang und Sonnenuntergang. Ein oft zitiertes Sprichwort sagt „Zwischen elf und drei hat der Fotograf frei" und beschreibt die Situation eigentlich ganz gut. Die tief stehende Sonne zum Morgen und am Abend sorgt für eine angenehme Lichtstimmung und kann mit einem farbenfrohen Himmel für ganz spezielle Fotos sorgen. Auch die Dämmerung nach Sonnenuntergang oder vor Sonnenaufgang, oft als „Blaue Stunde" bezeichnet, eignet sich noch hervorragend, um stimmungsvolle Fotos zu machen. Sobald die Sonne untergegangen ist, packen viele Fotografen schon zusammen und verpassen damit einige fantastische Momente. Um besonders schöne Fotos zu

machen, versuche also so häufig wie möglich bei Sonnenaufgang und Sonnenuntergang zu fotografieren. Gerade als Anfänger sollte man jedoch auch untertags fotografieren, denn je mehr man fotografiert, desto schneller wird man besser. Mittags lässt sich zum Beispiel auch wunderbar der Bildaufbau üben.

Ein Bildaufbau wie die alten Künstler

Der Bildaufbau, oftmals auch als Komposition bezeichnet, sorgt für einen harmonischen Gesamteindruck des Fotos. Dafür gibt es einige Regeln zu beachten, die nicht erst mit der Fotografie entstanden sind, sondern ihren Ursprung in der Malerei haben. Eine der bekanntesten Regeln ist die „Drittel Regel" oder auch der „Goldene Schnitt". Ein Bild lässt sich mit zwei vertikalen und zwei horizontalen Linien dritteln. Dadurch entstehen neun Rechtecke und vier Schnittpunkte. In den meisten Kameras lassen sich diese Linien (Gitter) zur Hilfe einblenden. Die Drittelregel besagt, dass der Horizont immer auf einer der Linien liegen sollte und wichtige Bildelemente am besten an den Schnittpunkten platziert werden. Dadurch entsteht ein harmonischer Bildaufbau. Natürlich kann diese Regel auch bewusst gebrochen werden, um ein ganz besonderes Foto zu kreieren. Aber zum Anfang sollte man versuchen, sich bewusst an die Regel zu halten.

Das Motiv in Szene setzen

Mit dem richtigen Bildaufbau und dem passenden Licht hast du jetzt bereits zwei Zutaten für ein gelungenes Foto. Was jetzt noch fehlt ist das Motiv. Bevor du den Auslöser drückst, vielleicht sogar bevor du zum Fotografieren aufbrichst, solltest du dir Gedanken machen, was du fotografieren möchtest. Hast du ein Motiv, das du ablichten möchtest? Gibt es eine spezielle Stimmung oder Emotion, die das Foto vermitteln soll? Sei dir im Klaren

darüber, was du fotografieren möchtest und plane, wie du dies umsetzen möchtest. Mit einer durchdachten Planung schaffst du es nämlich häufiger zur richtigen Zeit am richtigen Ort zu sein. Ideen für den richtigen Ort und das passende Motiv findest du in diesem Buch ja bereits. Hilfreiche Tools, um die richtige Zeit herauszufinden, sind Apps wie PhotoPills oder Sun Surveyor. Diese zeigen einem den Sonnenstand zu jedem beliebigen Datum an jedem beliebigen Ort an. Damit lässt sich zum Beispiel herausfinden ob sich eine Location eher zum Sonnenuntergang oder Sonnenaufgang eignet. Wenn du zum Beispiel ein Alpenglühen auf einem bestimmten Berg fotografieren möchtest, dann sollte die Sonne direkt hinter dir bzw. gegenüber dem Gipfel auf- oder untergehen. So wichtig die Planung und Vorbereitung ist, solltest du trotzdem immer wieder spontan und ohne Plan raus zum Fotografieren. Dies fördert deine Kreativität und schult dein Auge, um neue Motive in der Natur zu entdecken.

Das Equipment

Die Ausrüstung wird allgemein viel zu sehr überschätzt. Wie bereits anfangs erwähnt, ist die Person hinter der Kamera viel wichtiger für ein gelungenes Foto. Trotzdem möchten wir dir hier einige Tipps zur Ausrüstung mitgeben. Im Prinzip kann man mit den Kameras von modernen Smartphones bereits beeindruckende Ergebnisse erzielen. Da das Handy auf einer Wanderung immer dabei sein sollte, hat man damit auch kein zusätzliches Gepäck. Wer sich aber eingehender mit der Fotografie beschäftigen möchte, kommt früher oder später nicht um eine digitale Kamera herum. Seit einigen Jahren machen die spiegellosen Systemkameras den digitalen Spiegelreflexkameras ordentlich Konkurrenz und werden diese in Zukunft wohl ablösen. Die spiegellosen Systemkameras sind um einiges leichter und kompakter als die Modelle mit Spiegel und eignen sich daher auch besser für Wandertouren in den Bergen. Wer sich jetzt mit einem Kamerakauf beschäftigt, sollte sich definitiv mit Systemkameras vertraut machen. Für welche Marke oder welches Modell man sich letztendlich entscheidet, spielt gerade am Anfang keine große Rolle bzw. beruht auf persönlichen Präferenzen. Alle modernen Kameras von namhaften Herstellern bieten eine hervorragende Leistung.

Generell lässt sich sagen, dass die Objektive für die Bildqualität auch wichtiger sind als die Kamera. Sprich die Kombination aus günstiger Kamera und teurem Objektiv wird wahr-

Tele (200 mm) abdecken. Prinzipiell kann man sagen, je größer der Brennweitenbereich ist, desto schlechter ist die Bildqualität. Festbrennweiten haben damit meist die bessere Bildqualität gegenüber einem Zoomobjektiv. Festbrennweiten zeichnen sich außerdem mit einer offenen Blende aus (ausgedrückt durch eine niedrige F-Zahl wie f1.8). Dies ermöglicht einem, auch bei wenig Licht (zum Beispiel in der „Blauen Stunde") noch tolle Bilder zu machen. Für einen Anfänger empfiehlt sich der Kauf eines Standardzoomobjektivs zusammen mit einer Festbrennweite. Eine beliebte und günstig erhältliche Festbrennweite ist zum Beispiel ein 50 mm f1.8-Objektiv. Mit dieser Kombination ist man für die meisten Situationen gerüstet. Außerdem stellt man schnell fest, ob man häufiger im Weitwinkel fotografiert oder eher im Telebereich und kann dann entsprechend nachrüsten.

„The best camera is the one that's with you"

scheinlich das bessere Ergebnis erzielen als eine teure Kamera mit einem günstigen Objektiv. Deshalb möchten wir hier auch etwas genauer darauf eingehen. Es gibt im Prinzip zwei Arten von Objektiven: Zoomobjektive und Festbrennweiten. Mit Festbrennweiten kannst du nicht zoomen. Sie haben, wie der Name sagt, eine feste Brennweite. Bei Zoomobjektiven kannst du die Brennweite verändern, also den Bildausschnitt durch Zoomen entweder verkleinern oder vergrößern. Dabei gibt es verschiedene Varianten von Zoomobjektiven. Das Weitwinkelzoom hat ungefähr eine Brennweite von 16–35 mm. Beim Standardzoom reicht die Brennweite von ca. 24 bis 70 mm. Das Telezoom bietet Brennweiten von über 70 mm. Dann gibt es noch sogenannte Reisezooms, die einen Brennweitenbereich vom Weitwinkel (24 mm) bis zum

Die Brennweiten beziehen sich hier auf „Full Frame"-Kamerasensoren, wie sie in den Spitzenmodellen vorkommen. Die meisten Modelle haben einen kleineren Sensor. Achtet beim Objektivkauf also auf das „Full Frame/35mm Equivalent" der Brennweite.

Neben der Kamera und dem Objektiv solltest du noch in Ersatzakkus und ausreichend Speicherkarten investieren. Wenn du häufig zu Sonnenauf- oder -untergang unterwegs bist, lohnt sich auch der Kauf einer guten Stirnlampe, damit du auch in der Dämmerung sicher unterwegs bist. Ob sich für dich der Kauf eines Stativs lohnt, hängt ganz von deiner Art zu fotografieren ab. Für den Anfang ist es sicherlich noch nicht notwendig.

Moderne Dunkelkammer am Computer

Du weißt jetzt also, wie man coole Fotos macht und auf was es bei der Ausrüstung ankommt. Wenn du denkst, damit sei alles erledigt, dann täuschst du dich aber. Denn was früher die Filmentwicklung in der Dunkelkammer war, ist heute die Bildbearbeitung am Rechner. Sie hat einen großen Einfluss auf das Gesamtbild deines Fotos und ermöglicht es dir, einen eigenen Bildlook zu entwickeln. Um deine Fotos am Rechner optimal zu bearbeiten, musst du deine Kamera so einstellen, dass sie im RAW-Format fotografiert. Diese Dateien enthalten mehr Bildinformation als das übliche JPEG-Dateiformat. Um diese RAW-Fotos anzuschauen und zu bearbeiten, brauchst du dann noch eine entsprechende Software. Hier gibt es mittlerweile einige verschiedene Anbieter am Markt. Sie alle liefern vergleichbare Ergebnisse und es kommt mal wieder auf deine persönliche Präferenz an. Wer sich mit der Bildbearbeitung noch nicht auskennt und mehr lernen möchte, tut sich mit dem Branchenprimus Adobe Lightroom wohl am leichtesten. Hierzu findet man im Internet die meisten Tutorials und Workshops. An dieser Stelle können wir nicht detaillierter auf die Bildbearbeitung eingehen, doch möchten wir dir noch einen Tipp mit auf den Weg geben: Weniger ist mehr! Gerade am Anfang ist man begeistert, welche Möglichkeiten einem die digitale Bildbearbeitung ermöglicht und ist versucht, diese bis an ihre Grenzen auszureizen. Das sieht man den Fotos dann auch gerne an und das Ergebnis ist alles andere als ein natürlicher Bildlook. Denke daran, dass die Bildbearbeitung dir helfen kann, aus einem guten Foto ein ausgezeichnetes Foto zu machen. Was sie nicht kann, ist aus einem schlechten Foto ein gutes Foto zu machen.

Diese Tipps stammen vom Outdoor-Fotografen Fabian Künzel @fabian_kuenzel, welcher leider 2020 viel zu früh verstarb. Als Augenblick-Fotograf der ersten Stunde bleibt Fabian mit seinen Bildern und Texten ein wichtiger Teil unserer Seilschaft. #gooutsideforfabi

Dein Deutschland

Landschaft, Geschichte, Infos

Mit 83 Millionen Einwohnern ist Deutschland das bevölkerungsreichste Land der Europäischen Union. Die zum Teil dichte Besiedlung und intensive Nutzung der Natur haben das Land geprägt. Der Einfluss des Menschen auf das Aussehen Deutschlands ist unverkennbar: Der Tagebau mit gewaltigen Halden, Schutzdämme gegen Sturmfluten und eine ehemalige innerdeutsche Grenze,

kleinste Wal, der Schweinswal. Er ist hier heimisch. Der Wolf, der in Deutschland lange als ausgerottet galt, ist vermehrt im Osten wieder heimisch. Er polarisiert ebenso wie der Bär, der es noch nicht geschafft hat dauerhaft zurückzukehren. Einst stark bejagt und nun wieder für Wanderer als Fotomotiv zu finden ist der Alpensteinbock.

„Gedankenloses, zerstreutes Lesen ist geradeso wie Spaziergehen in schöner Landschaft mit verbundenen Augen."
Hermann Hesse (1877–1962)

die zum Grünen Band wurde. Um das Tausendfache mehr als Einwohner hat Deutschland Bäume. Knapp ein Drittel der Fläche der Bundesrepublik ist mit Wald bedeckt. Das findet sich auch in der Namensgebung wieder: Odenwald, Bayerischer Wald, Schwarzwald, Spreewald, Westerwald. 56 % des Waldes sind Nadelwald, allen voran Fichten und Kiefern.

Die deutsche Tierwelt steht, was die Vielfalt anbelangt, jener der Landschaft um nichts nach. Vor allem in der Nordsee, aber auch in der Ostsee kann man Wale und Delfine beobachten. Meistens sind sie nur auf der Durchreise. Anders der

Mitverantwortlich für das Auskommen von Mensch, Flora und Fauna sind Naturschutzgebiete und Nationalparks. In Deutschland gibt es fast 9.000 Naturschutzgebiete. In Summe nehmen sie einen flächenmäßigen Anteil von ca 6,3 % ein. Mit weitem Abstand sind die Naturschutzgebiete an der Küste die größten und erstrecken sich vom Wattenmeer bis zur Pommerschen Bucht an der Grenze zu Polen. Im Inland ist das Ammergebirge das größte Naturschutzgebiet, gefolgt von der Lüneburger Heide und den Allgäuer Hochalpen. Die Foto- und Wandertouren in diesem Buch decken ein breites Spektrum dieser Vielfalt ab. Um es selbst zu erleben, muss man sich die Wanderschuhe anziehen.

Deine Touren

Tourenbeschreibungen zu den schönsten Fotospots

1 Top of Schwarzwald

Zugegeben: Ein unberührtes Wanderziel ist der Feldberg, der 1493 Meter hohe Kulminationspunkt des Schwarzwalds natürlich nicht. Doch immer noch gibt es stille, schmale und steinige Pfade, die zu ihm hinaufführen.

Bilder von: **Michael Corona**
@michael._.corona

Auf den Feldberg • 1493 m

Tourencharakter
Breite Wanderwege, die immer wieder durch schmalere und teils steinige Pfade unterbrochen werden: Im Abstieg zur Zastler Hütte, im Sägebachschlagsteig zur Reimartihütte sowie im Aufstieg vom Feldsee.

Start und Ziel
Parkplatz Grafenmatt, Passhöhe (1230m), an der B 317

Schwierigkeit: **mittel**
Dauer: **5:15 h**
Länge: **16 km**
Aufstieg **584 hm**
Abstieg **584 hm**

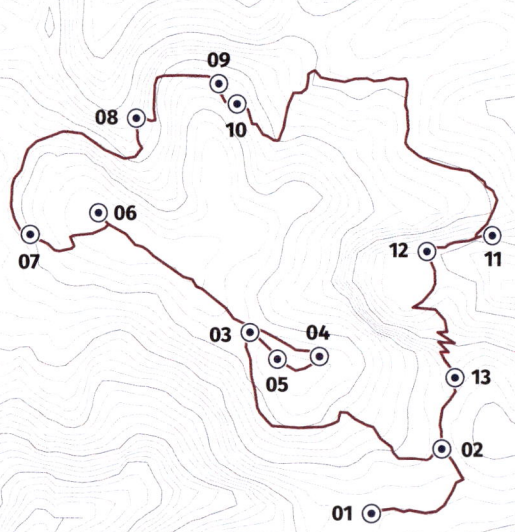

Höhenlinienmodell mit Streckenverlauf

Höhenprofil

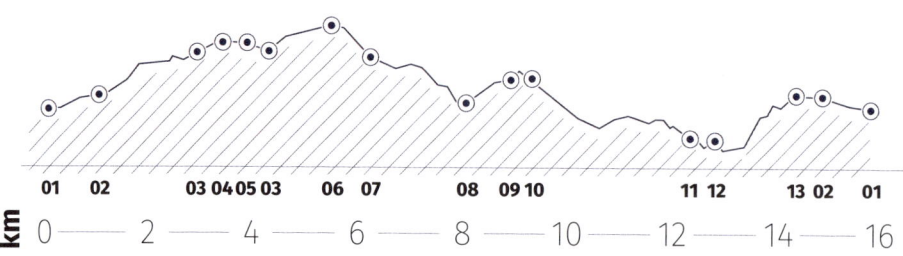

Es schien mir sinnlos, von den Wundern der Ferne
immer nur zu träumen, ich wollte sie erleben.

Herbert Tichy, österreichischer Bergsteiger und Journalist (1912–1987)

Der „Höchste", wie der Feldberggipfel auch oft genannt wird, ist ein touristisch außergewöhnlich stark erschlossenes Ausflugsziel. An den Fuß des Feldbergs gelangt man per Pkw und Bus, zum Seebuck über eine Kabinenseilbahn und der Feldberggipfel ist durch eine befestigte Zufahrtsstraße für Radfahrer erreichbar. Darüber hinaus reiht sich eine ganze Reihe bewirtschafteter Hütten rund um das Gipfelmassiv.

▶ Vom Parkplatz Grafenmatt **01** an der Passhöhe überqueren wir die Straße, gehen rechts unter der Skiüberführung hindurch und steigen auf einem Asphaltsträßchen an. Vorbei an der Feldbergkirche und der Einfahrt zur Parkgarage gelangen wir zum Haus der Natur **02** und wandern links hoch zum Beginn des Feldbergsteigs, einem riesigen Steintor mit Infotafeln. Auf dem asphal-tierten Franz-Klarmeyer-Weg steigen wir gemächlich über den freien Wiesenhang an, verlassen ihn kurz geradeaus über einen gekiesten Abkürzungsweg, und folgen dem Sträßchen in Kehren hoch zum Grüblesattel **03**. Wir schwenken rechts, wandern zum Bismarckdenkmal **04** hinauf und hinüber zum nahen Feldbergturm **05**, ein wunderbarer Aussichtsturm, der seit 2013 ein viel besuchtes Schinkenmuseum beherbergt. Wieder zurück beim Grüblesattel **03** halten wir uns an den rechten, gekiesten Weg, der über den Grasbuckel hochzieht, das kreuzende Asphaltsträßchen zunächst überquert und kurz vor dem Fernsehturm und dem Aussichtsrondell in dieses einmündet. Vom Feldberggipfel **06** ⟲ folgen wir der Markierung „Feldbergsteig" in Richtung Reimartihof. Ein steiniger Pfad führt steiler bergab, vorbei an der Pos. Oberhalb

Todtnauer Hütte, und bringt uns an einem Weidezaun entlang hinab zur St. Wilhelmer Hütte **07**. Unterhalb der Hütte schwenken wir nach rechts, zunächst flach, dann verlassen wir den breiten Weg und steigen auf einem schmäleren Pfad am Hang entlang an. Wir erreichen den Wald, Pos. Oberhalb Zastler Hütte, ignorieren rechts eine Abzweigung hoch zum Feldberg, und gehen auf dem felsiger werdenden Steig durch lichten Wald geradeaus weiter. Wir überqueren einen Bach bei einem kleinen Wasserfall, der schmale Pfad führt nun bergab und verläuft zuletzt auf einem Bohlensteg, der über feuchtes Gelände leitet, zur Zastler Hütte **08**. Ein Kiesweg bringt uns leicht abwärts zu einer Verzweigung, Pos. Freiburger Hütte, wo wir rechts auf einem breiten geschotterten Weg in den Wald hoch ansteigen und zum Naturfreundehaus **09** gelangen. Auf dem breiten Asphaltweg ist kurz darauf die Baldenweger Hütte **10** erreicht.

Wir folgen dem Asphaltsträßchen noch ein Stück bergab, biegen in einer scharfen Kurve aber rechts ab auf einen schmalen Steig in Richtung Wald. Der wurzelige Pfad fällt nach einer markanten Rechtskehre ab, führt auf einem Steg über einen Bach und verläuft streckenweise wieder auf Holzbohlen über feuchte Waldstellen. Wir überqueren abwärtsgehend zwei weitere Brücken und stoßen bei der Pos. Abzw. Sägebachschlagsteig auf einen breiten Kiesweg. Wir schwenken nach rechts, folgen dem breiten Fahrweg, halten uns bei der nächsten Verzweigung wieder rechts, verlassen den breiten Weg und weichen rechts auf den schmäleren Pfad aus, der etwas stärker bergab führt. Unten ist der Reimartihof bereits zu sehen.

Am Waldrand entlang bergab erreichen wir die Forststraße und machen einen kurzen Abstecher nach links zum Reimartihof **11**. Über diese Forststraße gelangen wir links in wenigen Minuten leicht abwärts zum Feldsee. Wir halten uns links Richtung Wald, und wandern über eine kleine Brücke auf einem felsigen Pfad zunächst wieder aufwärts. In leichtem Auf und Ab geht es am Ufer entlang, vorbei an Infotafeln, zur Pos. Feldsee **12**. Auf einem stetig ansteigenden, felsigen Serpentinenweg geht es zum Waldrand hoch, dann wird der Weg flacher, wir erreichen kurz darauf die Seebuckhütte **13** und wandern am Haus der Natur vorbei auf dem Hinweg hinab zum Ausgangspunkt.

Perfekt komponiert

Egal wie gut deine Fotoausrüstung – auch wenn es nur deine Handykamera – ist, entscheidend ist der Bildaufbau. Damit ist die Einteilung des Bildes gemeint, die Anordnung der Elemente, die Aufteilung in mehrere Ebenen und die Wahl und Platzierung von Motiven.

2 Löwe & Leuchtturm

Der bayerische Löwe und ein viel fotografierter Leucht-
turm – das sind die beiden Wahrzeichen von Lindau am
Bodensee, unter denen unsere Wanderung ins benachbarte
Wasserburg beginnt.

Bilder von: Leo Schindzielorz @Leoschindzielorz

Von Lindau nach Wasserburg

Tourencharakter
Gut beschilderte, steigungsfreie Fußgängerwege, kurze Abschnitte auf Wirtschaftsweg und Sträßchen.

Start und Ziel
Lindau, Bahnhof, 400 m; Parkplatz an der Nordwestecke der Insel.

Schwierigkeit: **leicht**
Dauer: **4:45 h**
Länge: **16,1 km**
Aufstieg **10 hm**
Abstieg **10 hm**

Höhenlinienmodell mit Streckenverlauf

Höhenprofil

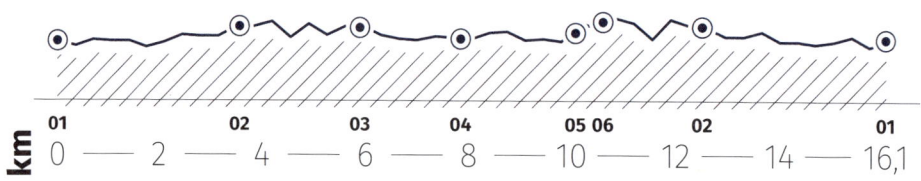

Das von den Wellen des Sees umspülte Wasserburg liegt auf einer malerischen Halbinsel und ist einer der Hauptanziehungspunkte am Bodensee. Das uralte „Wazzarburuc", bereits 794 urkundlich als Besitz des St. Gallener Klosters erwähnt, lag früher auf einer Insel und war vom Festland nur über eine Zugbrücke erreichbar.

▶ Erste Anlaufstelle vom Bahnhof Lindau **01** auf der Uferpromenade ist der nahe Leuchtturm ⬤ . Am Maximilian-Denkmal und Pulverturm vorbei schlendern wir zum Seeparkplatz. Nach dem Bahnübergang folgen wir Richtung Wasserburg auf dem Damm dem Bodensee-Rundweg an den Gleisen entlang zum Festland. Das interessante, auf Pfählen stehende Gebäude des alten Aeschacher Bades passierend kommen wir auf einem Fußgängerweg nach Bad Schachen **02**. Dort entfernt sich die Wanderroute nun vom See. Bei der Villa Tannhof im Ortsteil Degelstein beachten wir das Rundwegsymbol und tauchen dann im Lindenhofpark in eine völlig andere Welt ein. Der prachtvolle alte Baumbestand nimmt uns sofort gefangen. Unter manchen fremdländischen Arten überrascht insbesondere ein gigantischer Mammutbaum. Wieder am Ufer spazieren wir zwischendurch auf einem Anliegersträßchen etwas südlich des Ortes Reutenen **03** ins schöne Wasserburg **04**, dem Geburtsort des Schriftstellers Martin Walser.

Vom Bad geht es dann auf einem schmalen Weg an einer Mauer entlang zum unverwechselbaren Hafenambiente mit Anlege-

stelle, einer schmucken Zwiebelturmkirche, dem Museum im Malhaus und dem Schloss (heute das Schloss-Hotel Wasserburg). Beim Restaurant Hegestrand 3 verlässt man den Bodensee-Rundweg auf dem Moosweg, einem an der Evangelischen Kirche vorbeiführenden Fußweg. Bei einer Bäckerei hält man sich links und in der Dorfmitte Richtung Bodolz. Ab dem Ortsende leitet ein Wirtschaftsweg an der Bahn durch eine Obstanlage, den Pfänder vor Augen, zum Naturschutzgebiet Bichlweiher **05**. Auf einem verkehrsarmen Sträßchen treffen wir schließlich wieder in Reutenen **06** ein und stoßen dann in Degelstein beim Lindenhofpark auf die bekannte Route über Bad Schachen **02** zurück nach Lindau **01**.

Dein Moment für die Ewigkeit

Bildaufteilung planen

Viele Kameras haben die Funktion, sich Hilfslinien auf dem Display anzeigen zu lassen. Die Idee dahinter ist, eine bewusste Bildaufteilung vorzunehmen. Klassisch wird das Bild gedrittelt. Motive sollten an den Schnittstellen der Linien positioniert werden,

3 Schliffkopf-Sunrise

Mitten im Nationalpark Schwarzwald erhebt sich die aussichtsreiche Kuppe des
Schliffkopfs, 1055 Meter hoch und voller
Überraschungen. Am besten, man beginnt
seinen Besuch schon frühmorgens.

Bilder von: **Johannes Nickel**
@johannesnickel

Steinmäuerle – Schliffkopf

Tourencharakter
Wechsel aus bequemen Forstwegen und wurzeligen, steilen Pfaden.

Start und Ziel
Steinmäuerle (997 m), Wanderparkplatz an der Schwarzwaldhochstraße (Bundesstraße 500).

Schwierigkeit: **leicht**
Dauer: **2:00 h**
Länge: **7,3 km**
Aufstieg **264 hm**
Abstieg **264 hm**

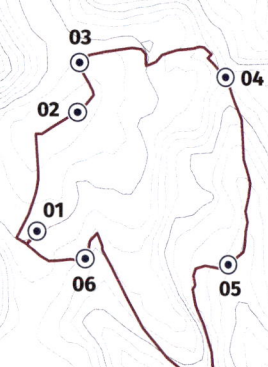

Höhenlinienmodell mit Streckenverlauf

Höhenprofil

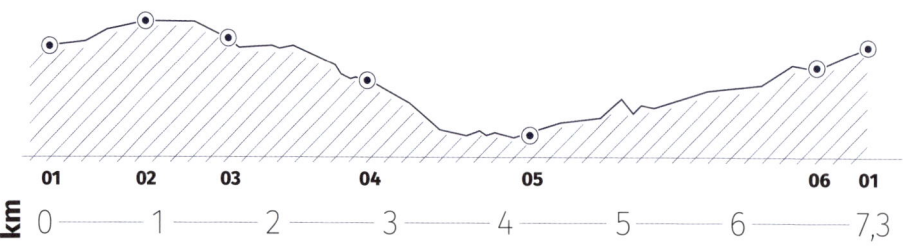

Der Schliffkopf im Nationalpark ist der beste Aussichtsberg im Nordschwarzwald, in seinem Osthang entspringt die Murg.

▶ Der Parkplatz Steinmäuerle **01**  an der Schwarzwaldhochstraße (Bundesstraße 500) ist eine wichtige Verzweigung am Rundwanderweg 1000-Meter-Weg und am Fernwanderweg Westweg. Der Tausendmeterweg führt an einem Aussichtsgerüst vorbei zur Jakobshütte im Westhang des Schliffkopfs; wer einkehren will, folgt der

Und ich grüße aus dem Zwang der Nacht
Künftiger Zeiten junge Morgenröten.

Ernst Stadler, deutscher Lyriker (1883–1914)

Zufahrt zum Schliffkopfhotel und kann von dort aus zu Fuß in gut 5 Minuten auf den Schliffkopf wandern; der Westweg hingegen führt ohne Umwege hinauf zum Bergkreuz bei der Panorama-Orientierungstafel auf dem Schliffkopf **02**.

Wenige Minuten später erreicht der Westweg beim Heldendenkmal des Schwäbischen Schneeschuhbunds eine zweite hervorragende Aussichtsstelle mit Blick Richtung Sonnenaufgang; wieder laden Sitzbänke zu aussichtsreicher Rast ein. Vom Heldendenkmal leitet der Westweg weiter durch die Grinde, derart aussichtsreich, dass vor dem Eintritt in den Wald noch einmal Panoramasitzbänke zu einem letzten Blick einladen. An der Verzweigung Hübscher Platz **03** verlässt die gelbe Raute den Westweg, leitet rechts hinab, taucht nach Queren der Schwarzwaldhochstraße wieder in den Wald ein und erreicht zwischen den Quellgebieten von Rot- und Rechtmurg die Verzweigung Roter Schliff **04**.

Hier führt die gelbe Raute südwärts weiter zum Wolfigbrunnen am Ursprung der Wolfach, eines Quellbachs der Rechtmurg. Im Tal der Wolfach senkt sich der Wanderweg zur Hubertushütte **05**, verlässt hier das Tal rechts hinauf und wechselt im Hang des Langen Zinken ins Rechtmurgtal, wo er nach Überqueren des Bächle Tränketeich an der Verzweigung Rechtmurgwegle **06** auf den Fernwanderweg Murgleiter trifft. Er führt zurück zum nahen Ausgangspunkt, dem Wanderparkplatz Steinmäuerle **01**.

Dein Moment für die Ewigkeit

Layering

Die Bergketten erscheinen wie getrennte Ebenen (Layer). Um so ein Bild besonders spektakulär wirken zu lassen, darf es nicht im Dunste enden. Mit dem Sonnenuntergang im Hintergrund und dem kräftigen Vordergrund wird hier der Fächer von Dunkel bis Hell abgedeckt.

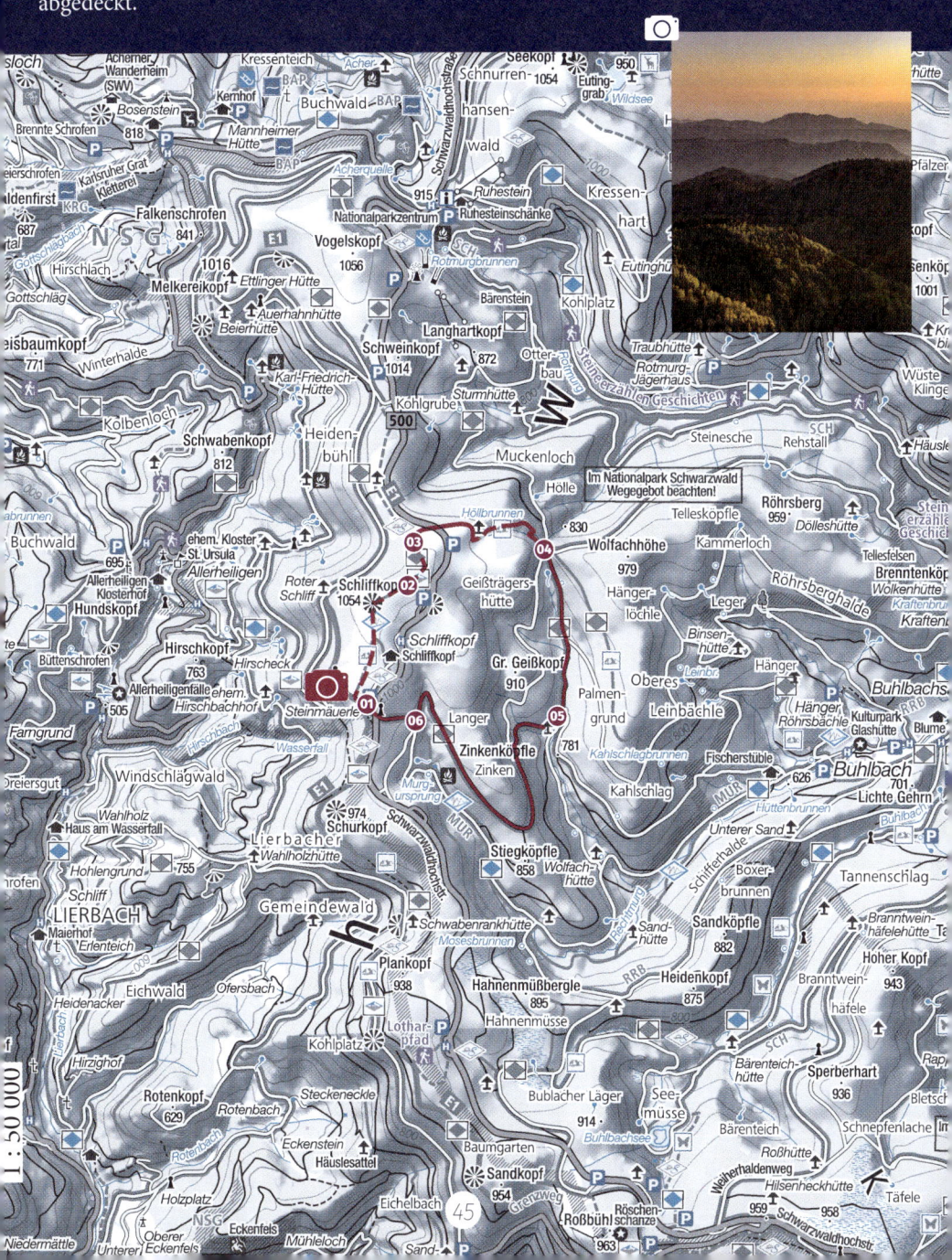

4 Auftakt zwischen Wein
und Wald

Weinberge, Waldesstille und eine Aussichtswarte erwarten uns auf dem FE6, dem Wein- und
Waldweg im Süden von Fellbach, der liebenswerten Stadt zwischen dem Kappelberg und dem
Hartwald.

Bilder von: **Thomas Kargl @maxlsbilderbuch**

Wein- und Waldweg

Tourencharakter
Einfache Wanderung, auch für Familien mit Kindern geeignet. Der Weg zum Naturschutzgebiet „Hinterer Berg" ist auf ca. 400 m naturbelassen und schwierig mit Kinderwagen zu befahren, dies gilt auch für den Weg vom Kernen in Richtung „Abgebrannte Linde". Markierung FE6.

Start und Ziel
Das Rathaus in Fellbach (287 m), ca. 9 km östlich von Stuttgart. Auf der B 10 zur Ausfahrt Waiblingen/Schorndorf/Aalen, dann auf die B 14 und zur Ausfahrt Fellbach-Süd (Ausschilderung Richtung Rathaus).

Schwierigkeit: **leicht**
Dauer: **4:20 h**
Länge: **13,4 km**
Aufstieg: **379 hm**
Abstieg: **379 hm**

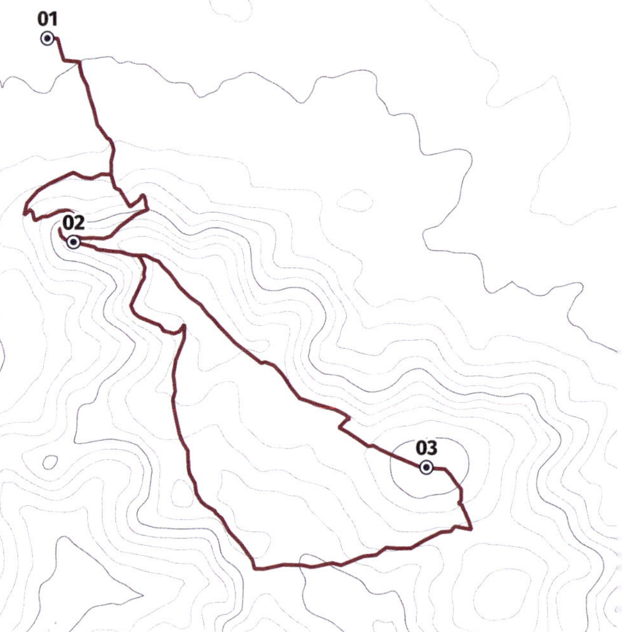

01

02

03

Höhenlinienmodell mit Streckenverlauf

Höhenprofil

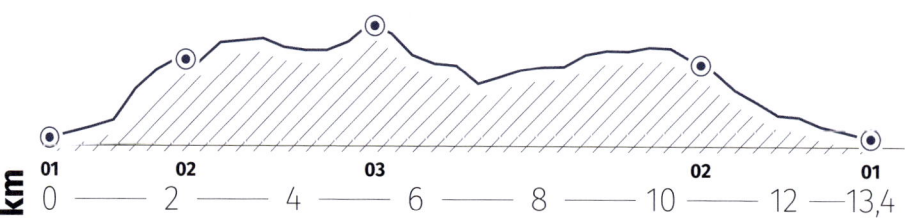

km

| 01 | 02 | 03 | 02 | 01 |
| 0 | 2 | 4 | 6 | 8 | 10 | 12 | 13,4 |

Schade, dass man Wein nicht streicheln kann.
Kurt Tucholsky (1890–1935)

▶ Ausgangspunkt ist die Endhaltestelle der Stadtbahnen U1 und U16 beim Rathaus Fellbach (287 m) **01**.

Dem Rundwanderweg „Wein- und Waldweg" folgend erreicht man einen der am häufigsten angesteuerten Punkte bei einer Wanderung auf dem Fellbacher Hausberg, den Kappelberg. Am i-Punkt vorbei geht man links auf der Kirchhofstraße 70 m zur Cannstatter Straße, marschiert auf dieser rechts weiter, schwenkt nach 150 m links auf die Vordere Straße ein und folgt dieser nach weiteren 100 m nach rechts. Auf der anschließenden Kappelberger Straße geht's dann durch das „Fellbacher Oberdorf" zur Neuen Kelter und in die Weingärten hinauf. Vorbei am Waldschlössle erreicht man durch Wald das Landschaftsgebiet „Ebene" (440 m) **02**. Links über das „Esslinger Tor" und die „Abgebrannte Linde" kommen wir zu Fellbachs höchstem Punkt, den „Kernen" (513 m) **03**. Dort lohnt sich am Wochenende eine kleine Pause am Kiosk. Vom Aussichtsturm genießt man einen wunderbaren Blick in die Umgebung. Danach geht es in einer weiten Schleife weiter zur „Waldschenke 7 Linden" mit einer gut besuchten Gastronomie.

Der Weg führt vorbei am Freizeitgelände „Egelseer Heide" und am Naturschutzgebiet „Hinterer Berg", das seit vielen Jahren vom Schwäbischen Albverein betreut wird (schöne Sicht auf die Grabkapelle auf dem Württemberg). Wieder an der „Ebene" **02** vorbei bietet sich auf dem rechts weiterführenden Weg **O** ein hervorragender Blick über Fellbach, Stuttgart und ins Remstal.

Faszinierende und informative Stationen begleiten uns dann wieder zurück **01**.

Dein Moment für die Ewigkeit

Linienführung

Verlaufen Linien perspektivisch leitend durch dein Bild, suggerierst du dem Betrachter automatisch Tiefe. Unsere Erfahrungen sagen uns, dass Linien, die auf einen Fluchtpunkt zulaufen, eine Distanz überbrücken. Diese Erfahrung kannst du dir besonders bei Architekturfotos zu Nutze machen, aber auch bei Wegen und Tunnels, oder allem, was linear verläuft.

5 Talwärts vom Tegelberg

Viele Wege führen zum berühmtesten aller Allgäuer Ausflugsziele, dem „Märchen-schloss" Neuschwanstein. Der originellste davon beginnt ganz hoch droben auf dem Tegelberg, dem ebenfalls höchst populären Schwangauer Aussichts-, Hütten- und Seilbahnberg. Von dort geht's nur bergab – und dann zum „Auslaufen" noch weiter bis nach Füssen.

Bilder von: **Marco Debus** @debus_clicks

Vom Tegelberghaus nach Füssen

Tourencharakter
Heute sind die Knie gefordert, es geht gut 900 Meter am Stück bergab – auf guten Bergpfaden. Unten im Tal folgt dann noch eine Wanderung auf breiten Wegen über den Kalvarienberg bis nach Füssen.

Start und Ziel
Füssen, 808 m. Wir fahren zunächst vom Bahnhof mit dem Bus der Linie 78 (www.mona-allgaeu.de) nach Schwangau zur Talstation der Tegelbergbahn, 821 m. Dann geht's in der Gondel hinauf zur Bergstation, 1707 m (www.tegel-bergbahn.de), unserem Startpunkt.

Schwierigkeit: **mittel**
Dauer: **4:15h**
Länge: **11,1 km**
Aufstieg **314 hm**
Abstieg **1221 hm**

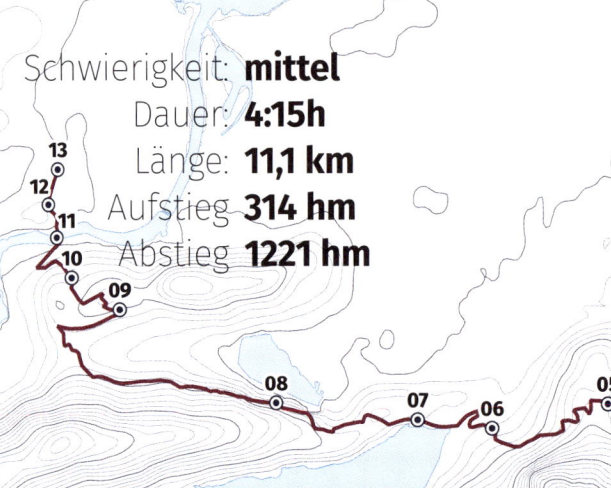

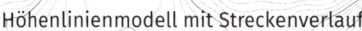
Höhenlinienmodell mit Streckenverlauf

Höhenprofil

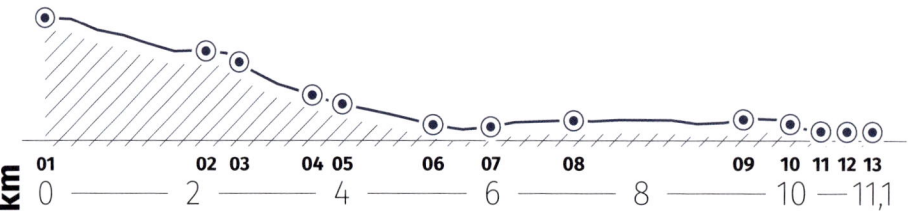

▶ Vom Tegelberghaus **01** aus geht es direkt steil zur Sache. Dann folgt eine nahezu gefällefreie Passage unterhalb des Tegelberges, bevor sich der serpentinen- und kehrenreiche Pfad nach dem Tegelbergkopf 📷 förmlich in die Tiefe stürzt. Dreimal, bei Wegpunkt **02**, **03** und **04** gibt es bei diesem Abstieg gesicherte Standorte für den Blick auf das Ensemble von Schloss Neuschwanstein, Schloss Hohenschwangau, auf Alp- und Schwansee sowie Füssen und den Forggensee.

Dann dreht die Route unvermittelt auf die Pöllatschlucht und die bekannte Marienbrücke **05** zu. Zuletzt stehen wir vor dem weltberühmten Lieblingsschloss des „Mär-

chenkönigs" Ludwig II. Die Kulisse lässt den Andrang der Besucher aus aller Welt vergessen, eine Art Kulturschock nach stundenlanger Bergeinsamkeit und Stille. An der ersten Kreuzung geht es rechts ab, dann führt links ab ein breiter Weg hinunter zu einem Fahrweg Richtung Schloss Neuschwanstein. Hier bitte links und dann rechts, bis die viel frequentierte Alpseestraße erreicht wird. Wer die Tour abkürzen möchte, kann per Bus nach Füssen fahren. Links geht's zum Alpseeparkplatz, vorbei an Souvenirläden, Einkehrmöglichkeiten und dem sehenswerten Museum der Bayerischen Könige **06**. Weiter zum Alpseeufer. Dort führt unsere Route rechts auf dem Fahrweg Richtung Schloss Hohen-

schwangau **07**. Wir ignorieren jedoch die nahe Abzweigung zum Schloss und wenden uns erst am nächsten Abzweig auf einem Waldweg nach rechts. An der folgenden T-Kreuzung geht es links ab und dann nahezu hangparallel und oberhalb des Schwansees **08** auf dem Alpenrosenweg auf sehenswertem Pfad Richtung Kalvarienberg. Nach den Felspassagen folgt ein Rechtsabzweig auf einem Waldweg, querende Wege wie das Königssträßle werden geradeaus passiert, bis nach leichtem Anstieg wieder ein breiter Waldweg erreicht wird. Hier wendet sich die Route nach rechts vorbei an einem Erlebnisrastplatz und führt wenig später links bergauf, auf einem schönen Bergpfad in Serpentinen auf den 953 m hohen Kalvarienberg **09** (Start des Kreuzweges) mit ganz famoser Aussicht. Auf den Kreuzweg mit seinen 14 Stationen und der schönen Marienkapelle folgt die Etappe bergab vorbei am Johann-Baptist-Graf-Denkmal **10** bis zur Kirche „Unserer Lieben Frau am Berg", die unweit von der Theresienbrücke **11**, die über den Leck führt, steht; rechts vorne befindet sich eine weitere Bushaltestelle. Dort die Straße queren und rechts ab bis zum Panoramaplatz **12** mit Blick auf Kloster und Kirche St. Mang, das Hohe Schloss und Füssen. Über die Brücke führt die Straße „Lechhalde" in die Fußgängerzone und am Rathaus noch einige Meter geradeaus.

Beim Stadtbrunnen nach rechts abbiegen und durch die Reichenstraße bis zum Kaiser-Maximilian-Platz. Zwei Fußgängerampeln leiten schließlich halbrechts zum Start- und Willkommensplatz **13** vor der Tourist-Information.

Dein Moment für die Ewigkeit

Vogel müsste man sein...

...denn die Vogelperspektive ermöglicht sagenhafte Weitblicke. Manchmal aber bekommt man diese auch ohne Flügel. Wie hier zum Beispiel: Neuschwanstein in eine märchenhafte Kulisse gebettet, garniert mit einem romantischen Sonnenuntergang – da würde sogar Cinderella neidisch.

6 Weitwandern vertikal

Der Zugspitz-Aufstieg durch das Reintal ist die längste aller Routen auf Deutschlands höchsten Berg. Die Entfernungen sind gigantisch. Möchte man sich den Auf- und vor allem den Abstieg etwas erleichtern, dann radelt man mit dem Bike bis fast zur Reintalangerhütte.

Bilder von: **Anna-Maria Kurz @annamariakurz**

Zugspitze – Durch das Reintal

Tourencharakter
Sehr lange, hochalpine Bergtour durch felsiges Karstgelände und über den ausgesetzten Südgrat der Zugspitze (mit Stahlseilen gesichert); sehr gute Kondition, Trittsicherheit und Schwindelfreiheit sind notwendig. Einkehren und übernachten kann man in der Reintalangerhütte, in der Knorrhütte und im Münchner Haus auf dem Gipfel.

Start und Ziel
Garmisch-Partenkirchen, kostenpflichtiger Parkplatz beim Olympia-Skistadion im Süden des Marktes, 725 m; Busverbindung vom Bahnhof. Wer mit dem Mountainbike auf dem „Hohen Weg" über die Partnachalm bis zur Hinterklamm hinauffährt, erspart sich beim Aufstieg (und auch beim Abstieg) mehr als 1 Stunde Gehzeit. Und man kann vom Gipfel auch mit der Seilbahn bzw. mit der Zugspitzbahn hinunterfahren.

Schwierigkeit: **schwer**
Dauer: **17:00 h**
Länge: **42,3 km**
Aufstieg **2300 hm**
Abstieg **2300 hm**

Höhenlinienmodell mit Streckenverlauf

Höhenprofil

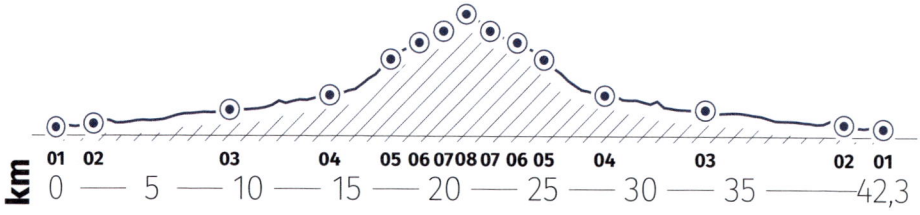

Wenn man sich den Aufstieg etwas erleichtern will, fährt man die Etappe bis fast zur Reintalangerhütte mit dem Mountainbike. Trotzdem wird es eher nicht möglich sein, die Tour an einem Tag zu schaffen. Für den langen, mühsamen Weg wird man – gemessen an den übrigen Routen – mit etwas mehr Stille belohnt.

▶ Vom Skistadion **01** geht man auf der Straße nach Südwesten zum Elektrizitätswerk und zur Gaststätte Lenz'nhütte. Anschließend quert man die Partnach. Gleich hinter der Brücke biegen Mountainbikefahrer rechts ab und folgen dem steilen Fahrweg zur Partnachalm. Dahinter führt die Route über den Hohen Weg in mehrmali-

gem Auf und Ab durch Wald und in einem weiten Bogen nach Südwesten.

Bei der Verzweigung auf 1020 m Höhe nach rechts, in den Antoniwald hinein, den Sulz-graben queren und nach Süden weiter. Bei der Abzweigung geradeaus und gleich dar-auf rechts zu einem Forsthaus. In der Wiese links halten, auf schmalem Fahrweg zur Bodenlaine hinab, dann wieder steil hinauf, in etlichen Kehren etwas abwärts und zum breiten Fahrweg im Reintal.

Wer nicht mit dem Rad unterwegs ist, folgt der Route durch die eindrucksvolle Part-nachklamm 02 und dann immer dem Weg an der Partnach entlang. Auf ihm gegen

Süden zum Umschlagplatz für die Reintal-angerhütte. Die Straße endet und ein gu-ter Weg führt über der Hinterklamm gegen Süden weiter. Ein Stück weit führt er steil hinab, schmiegt sich auf einem Holzsteg an steile Hänge und stößt schließlich zur Partnach. Wir folgen dem Bachlauf, pas-sieren die Bockhütte 03 und gehen gegen Westen an den ehemaligen Blauen Gum-pen vorbei, durch eine Reisse unter dem Hochblassen, zum Wasserfall und zur Reintalangerhütte 04.

Hinter der Hütte geht es noch etwas durch schütteren Wald, auf einem Steg über die Partnach, über einen weiten, grünen Boden und dann in grobes Block-

werk. Dort mündet auch eine gefährliche Lawinenreisse vom Gatterl herunter. Der markierte Steig schlängelt sich anschließend durch Buschwerk, wendet sich nach Nordwesten und wird ziemlich steil und felsig. Er windet sich neben eindrucksvollen Felswänden mühsam hinauf und gabelt sich. Der linke Wegast trägt die Bezeichnung Felsensteig, steigt gegen Westen, später Nordwesten an, führt am Veitelsbrünnl vorbei und stößt schließlich zur Knorrhütte **05** 📷. Oberhalb der Knorrhütte kommt man aufs Platt. Dort wird der Anstieg, der noch kurz nach Norden, später nach Westen hinaufführt, ziemlich trist und monoton, bis er endlich nach stundenlangem Trott, am Sonn-

Alpin-Restaurant **06** vorbei, in einen steilen, ungemütlichen Schutthang führt. Wir plagen uns durch das Geröll hinauf, kommen immer mehr in felsiges Gelände und halten uns bei Bedarf an den Drahtseilen fest. Schließlich wird der Wettersteingrat erreicht. Man folgt dem Grat gegen Nordosten bis zum Münchner Haus **07** hinauf. Von der meist gut besuchten Plattform geht man zum Gipfelsteig hinunter, auf einer Leiter hinauf, biegt rechts ab, und gleich darauf steht man auf dem höchsten Gipfel Deutschlands **08**.

Der Abstieg verläuft entlang der Aufstiegsroute (oder man fährt mit der Seilbahn talwärts).

Dein Moment für die Ewigkeit

Der frühe Vogel fängt den Wurm

Auch wenn das Sprichwort gerade bei Langschläfern kaltes Schaudern auslöst, ist ewtas Wahres dran. Die Pastellfarben eines Morgenhimmels in den Bergen sind ein Anblick, an dem man sich nur schwer sattsehen kann. Da lohnt es sich, denWecker auch mal etwas früher zu stellen.

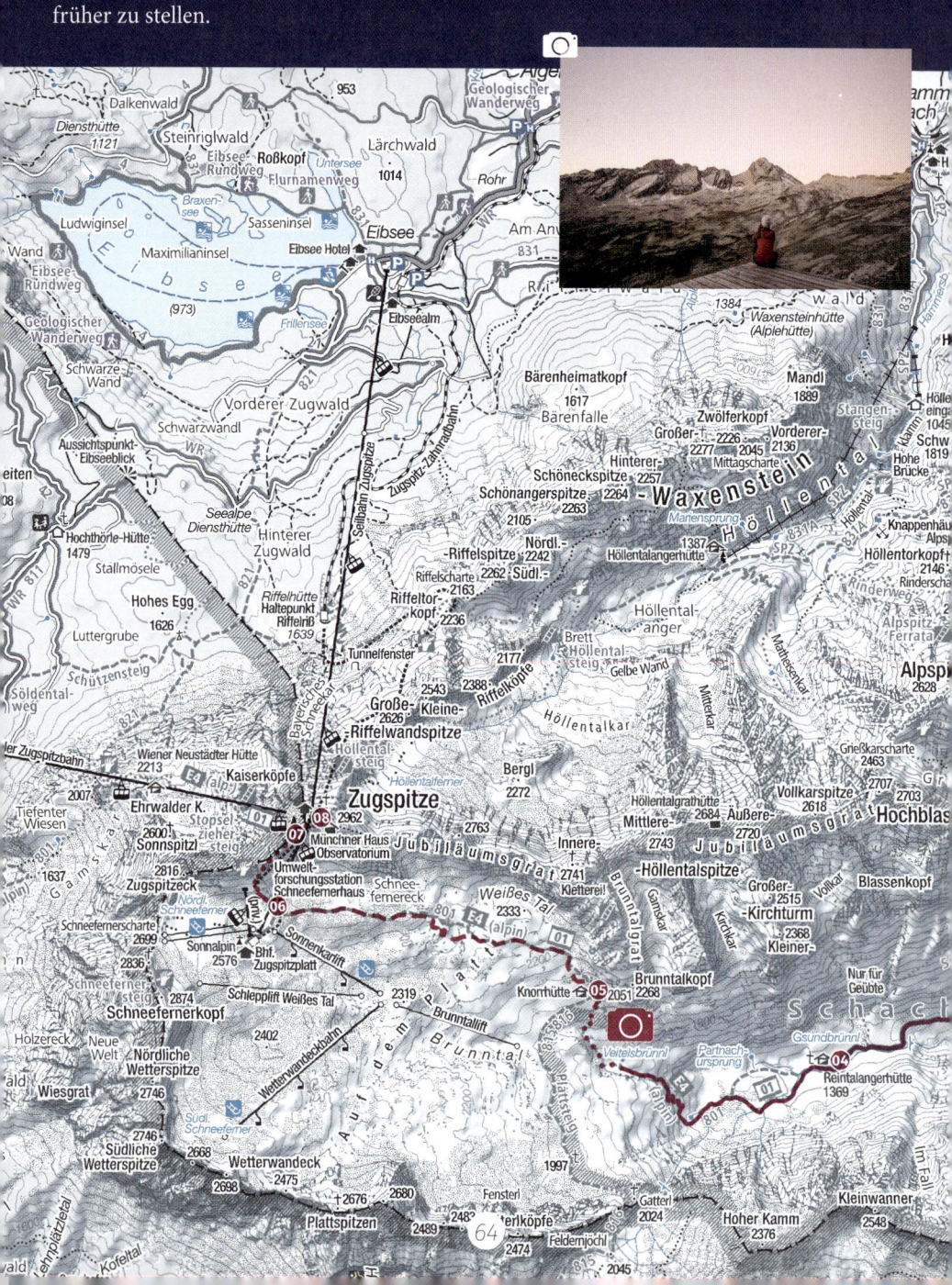

7 Der Weg zum Watzmann

Über der Falzalm tritt der Kleine Watzmann – der Sage nach Frau Watzmann – in Erscheinung. Bis hinauf zum Watzmannhaus muss noch 45 Minuten lang tüchtig geschnauft werden.

Bilder von: **Katharina Wildenhof**
@katharinawildenhof

Zum Watzmannhaus 1930 m

Tourencharakter
Unschwierige Hüttenwanderung auf Berg- und Almpfaden; der Alternativ-Abstieg über die Kührointhütte verlangt Trittsicherheit am stellenweise gesicherten Falzsteig.

Start und Ziel
Ramsau bei Berchtesgaden, Parkplatz Wimbachbrücke, 650 m.

Schwierigkeit: **mittel**
Dauer: **6:30 h**
Länge: **14,7 km**
Aufstieg **1300 hm**
Abstieg **1300 hm**

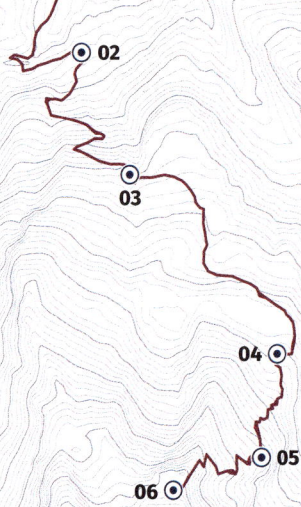

Höhenlinienmodell mit Streckenverlauf

Höhenprofil

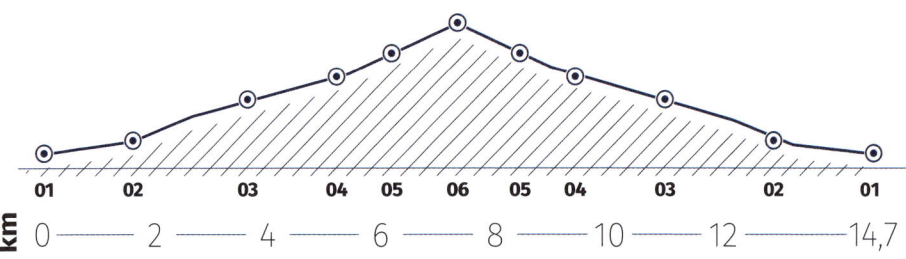

> Der Watzmann ist das dominante Bergmassiv der Berchtesgadener Alpen und das Wahrzeichen des Berchtesgadener Landes.
>
> www.berchtesgaden.de

Der Watzmann ist das im besten Wortsinn herausragende und sicherlich wohl auch bekannteste Symbol der Berchtesgadener Berge, ein Topziel für alle Bergsteiger. Aber auch Wanderer haben die Möglichkeit, diesem Koloss nahe zu kommen, denn das Watzmannhaus am Fuße dieses imposanten Massivs ist ein relativ einfach zu erreichendes Wanderziel.

Nicht zuletzt deshalb darf man nicht davon ausgehen, dass der Hüttenanstieg zum Watzmannhaus eine einsame Angelegenheit ist. Wer übernachten will, sollte sich anmelden und sich auch rechtzeitig auf den Weg machen.

▶ Nach dem Start an der Wimbachbrücke **01** erleben wir gleich zu Beginn der Wanderung in der Wimbachklamm **02** den ersten Höhepunkt; der (gebührenpflichtige) kleine Umweg lohnt sich auf jeden Fall. Anschließend wandern wir leicht ansteigend in großen Kehren auf dem markierten Weg Nr. 441 zur Stubenalm **03** hinauf. Der Weg führt dann weiter über die Mitterkaseralm **04** und jetzt zunehmend steiler werdend zur Falzalm **05** 📷.

Über die teilweise freien Hänge schlängelt sich der gut angelegte Steig deutlich steiler zum schon seit längerer Zeit sichtbaren Watzmannhaus **06** hinauf. Das auf

dem Falzköpfl platzierte Alpenvereinshaus ist ein äußerst aussichtsreicher Logenplatz mit beindruckender Aussicht.

Abstieg: Wer nicht übernachten und auch nicht den gleichen Weg zurückgehen will, hat ab der Falzalm eine attraktive, aber etwas längere und mehr Zeit beanspruchende Alternative. Über den anfangs felsigen und steilen Falzsteig (Nr. 442) – einige Drahtseilsicherungen sind im ersten Teil des Steigs angebracht –, erreichen wir zum Schluss gemütlich querend in gut 1 Stunde die bewirtschaftete Kührointhütte. Wenige Meter vor den Almgebäuden zweigt ein markierter Pfad links ab, quert zuerst den Fahrweg, der zur Kührointhütte führt, und verläuft dann auf diesem gemächlich abwärtsführend zur Schapbachalm. Dort folgen wir der nun sehr bequemen, teils etwas langweiligen Fahrstraße, halten uns dann aber links (in Richtung Ramsau ausgeschildert) und gelangen so wieder zur Wimbachbrücke **01** und zum Ausgangspunkt zurück.

Wer ist hier der Hauptdarsteller?

Ist es die Falzalm, die in dunklen Farben im Vordergrund prangt oder doch der Watzmann, der sich ganz zart im Hintergrund erhebt? Beide. Der Kontrast zwischen den beiden Hauptmotiven bringt besondere Spannung in das Bild.

8 Der Höchste im Bayerischen Wald

Der Große Arber ist der einzige Berg im Bayerischen Wald, der oberhalb der Baumgrenze ist. Außerhalb der Alpen ist er der zweithöchste Berg Deutschlands.

Bilder von**: Dominik Schmidhuber**

@berg_und_tal_fotos

Großer Arber 1456 m
Kleiner Arber 1384 m

Tourencharakter
Große Arberrunde zum höchsten Punkt des
Bayerischen Waldes. Waldwege und -pfade,
mit etlichen steinig-felsigen Passagen im Bereich der Rißlochwasserfälle und bei den Anstiegen auf den Großen und Kleinen Arber.

Start und Ziel
Bodenmais, Parkplatz beim Gasthaus Waldhaus am Rißlochweg; alternativ Wanderparkplatz nach den letzten Häusern
am Ende des Asphaltsträßchens.

Schwierigkeit: **mittel**
Dauer: **5:15 h**
Länge: **15,4 km**
Aufstieg **950 hm**
Abstieg **950 hm**

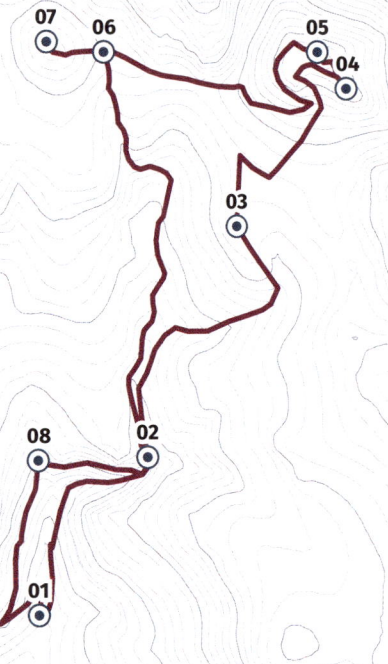

Höhenlinienmodell mit Streckenverlauf

Höhenprofil

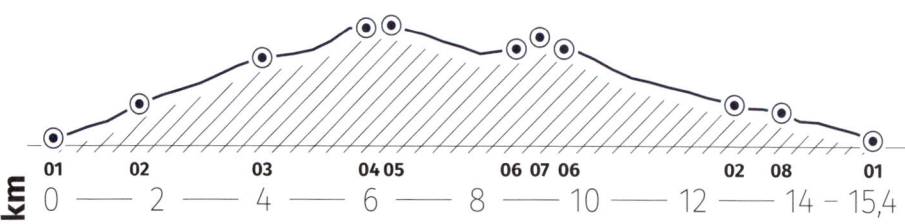

74

▶ Vom Parkplatz beim Gasthaus Waldhaus **01** wandern wir zu den Rißlochwasserfällen **02** hinauf und folgen weiter dem steinigen Pfad (Nr. 2) am Bachlauf entlang bis zur Kreuzung, wo es geradeaus zum Mittagsplatzl geht und links die Nr. 2 Richtung Großer Arber abzweigt.

Wir stoßen auf eine kreuzende Kiesstraße, gehen an einer interessanten Holzliege (mit tollem Arberblick) vorbei geradeaus weiter. Der aussichtsreiche, anfangs flache Weg ist als Panorama-Höhenweg **03** ausgeschildert und biegt bei einer Verzweigung rechts ab, wird steiler und steiniger und führt hoch zur Bodenmaiser Mulde **04**.

Über viele und steile Holzstufen steigen wir hoch zum Gipfelplateau des Arbers, das durch die beiden Radartürme dominiert wird. Links taucht der markante Felsriegel auf, wir halten uns rechts und folgen dem Gipfelweg Richtung Radarantenne. An der Zwieseler Hütte (Selbstversorgerhütte) vorbei geht es zu den Felsen des Großen Seeriegels hoch, beim Abstieg machen wir einen kurzen Abstecher zur 2015 erneuerten Arberkapelle und wandern dann hoch zum kreuzgeschmückten Gipfel des Großen Arbers **05** 📷.

Am Kleinen Seeriegel vorbei folgen wir dem breiten Gipfelrundwanderweg bergab zur Bodenmaiser Mulde und knicken dann scharf links ab, Markierung Kleiner Arber. Den breiten Weg verlassen wir rechts auf einen schmalen, felsdurchsetzten Waldpfad, der uns in leichtem Auf und Ab zur Chamer Hütte **06** bringt. Direkt hinter der Hütte schlängelt sich ein wurzeliger Pfad hoch zum felsigen Gipfelkopf des Kleinen Arbers **07**.

Zurück zur Hütte schwenken wir rechts, wandern mit der Nr. 2a auf schmalem Waldpfad leicht abwärts, überqueren die Auerhahnstraße und steigen auf dem wurzeligen, teils steinigen und streckenweise feuchten Pfad bergab und kommen einem Bachlauf recht nahe. Zunächst passieren wir eine Brücke, etwas später überqueren wir den Bach über einen Steg. Das Bachtal wird schluchtartiger, Felsblöcke bauen sich auf, und es geht wieder über einen Holzsteg. Weiter am Bach entlang halten wir uns bei den Rißlochwasserfällen **02** rechts, überqueren den Bach, folgen der Markierung Bodenmais über Rißbachschlucht und kommen nach einem kleinen Gegenanstieg zu einer Schleuse mit Häuschen. Wir bleiben rechts vom Bach, traversieren auf einem schmalen Pfad am Waldhang entlang.

Bei einer scharfen Linkskehre stoßen wir auf einen kleinen Wasserfall und ein Wehr **08** und gehen unter dem Vordach der Unterstellhütte hindurch. Bei der nächsten Wegteilung halten wir uns links, folgen dem breiteren Weg bergab, überqueren einen angelegten Bachlauf und knicken kurz darauf scharf links ab. Mit dem abwärtsführenden, etwas verwilderten Weg schwenken wir rechts, stoßen auf einen kreuzenden Waldweg und folgen ihm nach rechts. Wir überqueren den Bachlauf über eine Holzbrücke und treffen auf unseren Hinweg, kurz unterhalb des Wanderparkplatzes. Nach rechts sind wir in wenigen Minuten zurück am Ausgangspunkt beim Gasthaus Waldhaus **01**.

Dein Moment für die Ewigkeit

Mehr einfangen

Je nachdem wo du den Belichtungsmesser deiner Kamera ansetzen willst, wird dein Bild eher hellere oder dunklere Bereiche abspeichern. Im RAW-Format wird mehr Information gespeichert als im JPEG-Format. Du kannst nachträglich mit einem Bearbeitungsprogramm noch mehr Grenzbereiche herausarbeiten. So wie zum Beispiel die Bergkette im Hintergrund.

9 10.000 Gulden

Das war der Preis, den die mächtige Reichsstadt Nürnberg den Wittelsbachern für die Burg Hohenstein zahlte. Heute kümmert sich der Verschönerungsverein Hohenstein um die Burg mit herrlicher Aussicht und Bauerngarten mit Gewürz- und Heilpflanzen.

Bilder von: **Christoph Zeug @christoph.zeug**

Pegnitztal und Burg Hohenstein

Tourencharakter
Diese Tour erfordert ein gutes Maß an Ausdauer. Wir gehen auf Pfaden, Wald- und schmalen Forstwegen vom Pegnitztal mit langem Anstieg nach Hohenstein. Zurück wandern wir auf schmalen Sträßchen und Schotterwegen und im Pegnitztal auf Pfaden.

Start und Ziel
Parkmöglichkeiten beim Bahnhof von Rupprechtstegen. Mit dem Auto auf der BAB A9 Nürnberg–Bayreuth bei der Ausfahrt 47 Hormersdorf abfahren. Richtung Hormersdorf abbiegen und über Wallsdorf nach Rupprechtstegen zum Bahnhof fahren.

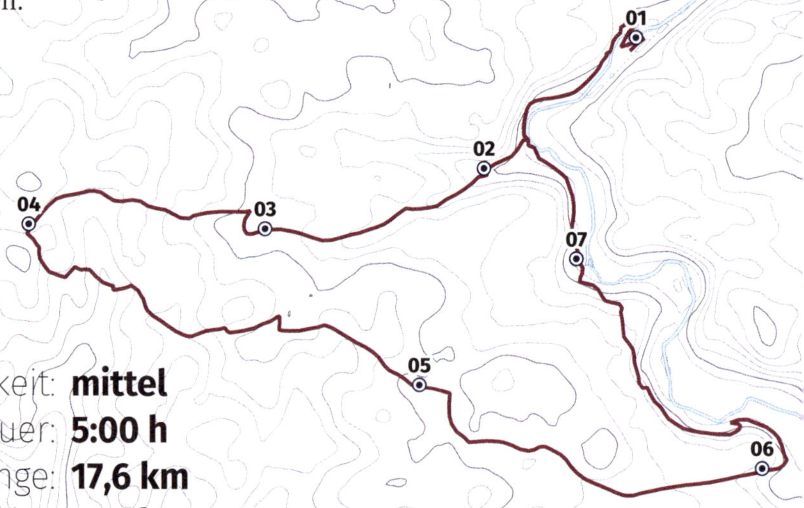

Schwierigkeit: **mittel**
Dauer: **5:00 h**
Länge: **17,6 km**
Aufstieg **450 hm**
Abstieg **450 hm**

Höhenlinienmodell mit Streckenverlauf

Höhenprofil

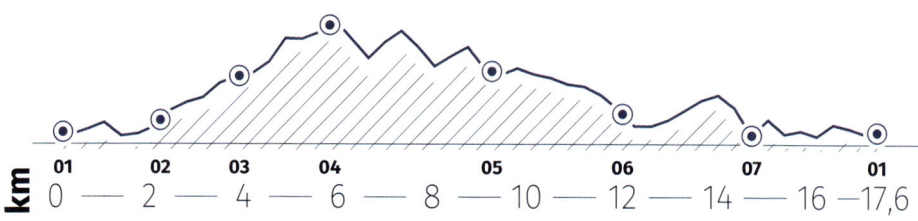

80

Wasser ist eine sehr kraftvolle Sache. Es fließt durch alle Länder und verbindet die ganze Welt.

August W. Booth ist ein Charakter aus „Once Upon a Time".

Wir wandern aus dem romantischen Pegnitztal am Harnbach entlang mit langem Anstieg über Treuf zur 634 m hoch gelegenen Burg Hohenstein. Durch das malerische Dorf Hohenstein gehen wir über Siglitzberg durchs Engental nach Artelshofen ins Tal der Pegnitz. An ihrem Ufer geht's zurück nach Rupprechtstegen.

▶ Wir parken beim Bahnhof in Rupprechtstegen 01 im schönen Pegnitztal. Nun geht es erst einmal mit der Wegmarkierung rotes Kreuz hinter dem Kiosk hinunter zum Spiel-platz und von hier über die Straßenbrücke der Pegnitz. Gleich auf der anderen Seite biegen wir links in den Mühlenweg ein. Wir passieren die Kläranlage und erreichen die Holzrücke an der Harnbacher Mühle. Ein Pfad führt uns von hier rechts zur Einöde Griesmühle 02. Leicht bergwärts geht's am Harnbach entlang ins Dorf Treuf 03. Dort halten wir rechts und haben schon den Duft von Pizza und Flammkuchen in der Nase. Brauns Hofcafé wartet am Abzweig nach rechts auf uns. Ein Stück gehen wir auf der Straße Richtung Hohenstein 🄾. Dann führt uns die Markierung rotes Kreuz nach rechts auf einen Schotterweg, der uns wieder zu einer Straße bringt. Vor uns liegt Hohenstein und über dem Dorf thront Burg Hohenstein auf einem gewaltigen Dolomitfels. Also folgen wir unserem Blick und gehen entlang der Straße nach Hohenstein **04**. Links geht's durch das Dorf zum Fuß der Burg. Den Abstecher zur Burg nehmen wir mit. Immerhin ist sie mit 634 m Höhe der höchste bewohnte Punkt Mittelfrankens mit herrlichem Blick übers Land. Wieder unten gehen wir auf der Dorfstraße rechts (linker Hand liegt das Windbeutelcafé) ans Dorfende. Links am Parkplatz führt uns ein Pfad mit der Markierung blaues Kreuz an eine Straßeneinmündung. Ein Stück gehen wir an der Straße gegenüber entlang, bevor es rechts in den Wald geht. Bald queren wir einen breiten Waldweg und stoßen danach auf eine Straße. Hier gehen wir kurz nach rechts und biegen dann auf das Sträßchen nach Siglitzberg **05** ein. Wir

wandern durch den Weiler und folgen dem Asphaltweg nach rechts an den Wald. Nach weiteren 100 m führt uns die Markierung gelber waagrechter Balken nach rechts, zuerst am Waldrand entlang, dann auf einem schönen Weg durch den Wald in ein Kerbtal hinab nach Artelshofen **06**. Nach wenigen Schritten im Ort biegen wir links in die Dr.-Max-Simon-Straße ein. Die Wegmarkierung PP auf gelbem Grund ist der Paul-Pfinzing-Weg, der führt uns jetzt auf schmalem Weg durch den bewaldeten Hang des Pegnitztales nach Enzendorf **07**.

Wir gehen durch den Ort, dann neben der Bahnlinie zur Harnbacher Mühle. Hier waren wir bereits zu Beginn der Wanderung und folgen der Pegnitz und der Markierung rotes Kreuz nach Rupprechtstegen **01**. An der Straßenbrücke geht's dann rechts zum Parkplatz beim Bahnhof.

Dein Moment für die Ewigkeit

Unschärfe im Bild

steuerst du mit Blende und Fokus. Gekonnt eingesetzte Unschärfe kann ein Bild besonders faszinierend machen. Hier hebt der unscharfe Vordergrund die Burg Hohenstein erst richtig ins Spotlight. Darüber noch der markante Mond. Ein perfektes Bild!

10 Die 14 Nothelfer

Balthasar Neuman versprach bei der Planung von Vierzehnheiligen, die Basilika so zu erbauen, dass Kloster Banz
in die Tür des Bauwerks passen würde. Nach Fertigstellung
waren die Auftraggeber enttäuscht. Aber seit dem 15. Jahrhundert streben Wallfahrer nach Vierzehnheiligen, um den
Schutz der 14 Nothelfer zu erbitten.

Bilder von: **Vanessa Faltenbacher @andersartigkeit**

Dreigestirntour rund um Bad Staffelstein

Tourencharakter
Lange Wanderung sowohl auf breiten Wegen und an Straßen entlang wie auch auf schmalen Pfaden. Die schmalen wurzeligen Pfade bei Kloster Banz und vom Staffelberg hinab können aufgrund des lehmigen Bodens bei Nässe äußerst rutschig sein!

Start und Ziel
Parkplatz beim Bahnhof Bad Staffelstein in der Bahnhofstraße. An der AB-Anschlussstelle 15 Bad Staffelstein der BAB A73 Richtung Bad Staffelstein zum Kurzentrum und Bahnhof abfahren.

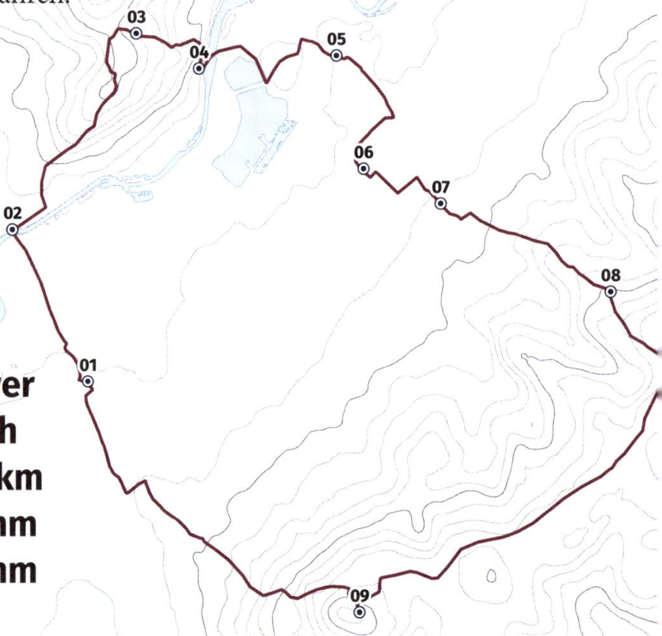

Schwierigkeit: **schwer**
Dauer: **5:00 h**
Länge: **18,0 km**
Aufstieg **550 hm**
Abstieg **550 hm**

Höhenlinienmodell mit Streckenverlauf

Höhenprofil

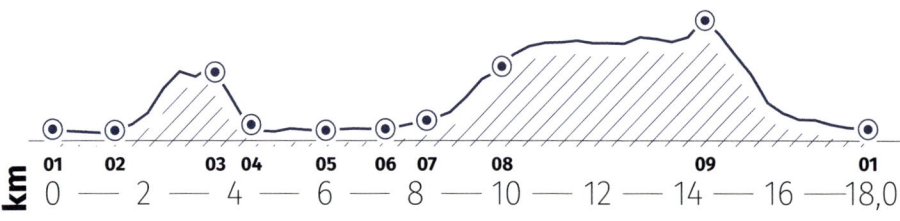

Wo es am Scherz fehlt, fehlt es im Grunde am Ernst.

Jean Paul, deutscher Schriftsteller (1763–1825)

Wir wandern zum Kloster Banz, hoch über dem Maintal gelegen, anschließend hinüber zur Wallfahrtskirche Vierzehnheiligen. Auf dem Weg über die Hochebene erreichen wir den Staffelberg. Ein Hochplateau mit fantastischer Aussicht auf dem bereits die Kelten siedelten.

▶ Unsere Wanderung beginnt beim Bahnhof Bad Staffelstein **01**. Vom Parkplatz gehen wir zum Bahnhofsgebäude, unterqueren die Bahnsteige und gehen Richtung Schön Klinik zum Parkplatz an der Staatsstraße. Wir wandern Richtung Unnersdorf **02** bis zur Mainbrücke und wechseln die Straßenseite. Am anderen Mainufer führt uns das Sträßchen Am Main Richtung Ufer. Ein Pfad führt uns hinauf zur Hangkante.

Wir wandern entlang des Hanges und biegen links zur Kreisstraße ab. Gegenüber führt uns der Pfad in den Wald hinauf zu einem breiten Waldweg, kreuzen ihn und wandern Richtung Kloster Banz [O]. Wir treffen erneut auf einen breiten Weg und wandern links hinab zur Straße und zum Kloster Banz **03**, auf einem Bergsporn hoch über dem Maintal gelegen. Gleich hinter der Klosterzufahrt führt uns ein schmaler Pfad steil hinab nach Hausen **04**.

Rechts geht's ein Stück entlang der Straße, dann am Wehr über den Main. An der Wegkreuzung gehen wir rechts am Reundorfer See entlang, bis links ein Pfad abzweigt und uns über einen Bach nach Reundorf **05** führt. Wir folgen der Straße

Zur Fähre in die Dorfmitte zur Kirche. Rechts wandern wir nun auf der Grundfelder Straße geradeaus über die Bahnbrücke und rechts an der Autobahn entlang zur Autobahnbrücke **06** hinauf. Gleich hinter der Brücke gehen wir nach links auf den Weg nach Grundfeld **07**. Beim Gasthof Maintal biegen wir in die Dorfstraße ein, dann gehen wir rechts durch die Schönthalstraße und erreichen die Straße Am Feldlein, der wir zur Kreisstraße folgen. Rechts wandern wir den Bergrücken hinauf zum Gasthof Goldener Hirsch und zur Basilika Vierzehnheiligen **08**. Das Kloster der Franziskaner liegt links etwas unterhalb an der Straße. Unser Weg zum Staffelberg führt hinter der Brauerei Trunk rechts auf die Hochebene zum Fuße des Alten Staffelbergs. Wir wenden uns nach rechts und wandern fast eben zum Staffelberg **09**. Zunächst erreichen wir die Adelgundi-Ka-

pelle, daneben die Staffelberg-Klause. Am Rand des Plateaus gehen wir zum Keltenwall und zum Scheffelfelsen. Von dem exponierten Felsen genießen wir die tolle Aussicht ins Maintal. Unterhalb im Fels liegt die Querkel-Höhle. Ein Weg führt hinunter zum „Ausguck" ins Tal. Wir gehen zurück zur Klause und den Weg hinunter zu einem Wegkreuz. Hier wenden wir uns links zur gewaltigen Toranlage der keltischen Siedlung Menosgada.

Unser Weg schlängelt sich hinab zur Fußgängerbrücke an der Autobahn. Gegenüber erreichen wir den Friedhof von Staffelstein an der Viktor-von-Scheffel-Straße und folgen ihr zur Lichtenfelser Straße. Links am Marktplatz erhebt sich vor uns das Fachwerk-Rathaus. Hinterm Rathaus wenden wir uns in die Bahnhofstraße und gehen auf ihr direkt zum Bahnhof Bad Staffelstein **01**.

Nebel

verleiht Fotos immer einen ganz besonders mystischen Effekt. Besonders in den Morgenstunden und in der Nähe von Gewässern oder feuchten Wiesen hast du gute Chancen, tolle Nebelbilder aufzunehmen. Zu dieser Zeit ist auch das Licht am schönsten.

11 Rotenfels

Die größte Steilwand zwischen den Alpen und Skandinavien. 202 Meter geht es vom Gipfel bis zur Nahe hinunter. Der Fluss hat sich an den Fels angeschmiegt, seine Ablagerung wegtransportiert und das Steilufer an den Fels geschliffen.

Bilder von: Marc Wesel @marcfotografiert

Rheingrafenstein

Tourencharakter
Wanderung für Geübte. Wanderschuhe und Wanderstöcke empfohlen!

Start und Ziel
Rotenfelsstraße in 55585 Norheim.

Schwierigkeit: **schwer**
Dauer: **6:00 h**
Länge: **14,8 km**
Aufstieg **450 hm**
Abstieg **450 hm**

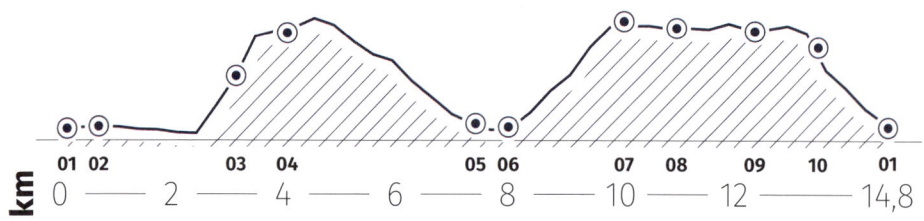

Höhenlinienmodell mit Streckenverlauf

Höhenprofil

Rheingrafenstein und die größte Steilwand zwischen Alpen und Skandinavien werden erwandert, mit faszinierenden Aussichten ins Nahetal.

▶ Die Wanderung beginnt in Norheim **01**, dem ältesten Weindorf an der Nahe. Wir überqueren die Nahe in östlicher Richtung, über die Fußgängerbrücke, und biegen nach links ab Richtung Bad Münster am Stein. Im Blick vor uns das imposante Rotenfelsmassiv **02**, die größte Steilwand zwischen Alpen und Skandinavien.

Wir flanieren durch das Nahetal, passieren die Friedensbrücke **◎** mit Sicht auf die Ebernburg mit der Jugendherberge. Nach der Brücke rechts ab, über einen Parkplatz erreichen wir am Wehr an der Nahe den Kurpark von Bad Münster am Stein mit seinem architektonischen Juwel, dem Kurmittelhaus, das 1911 im barockisierenden Jugendstil (ca. 300 m Umweg) erbaut wurde. Nun überqueren wir mit einer Fähre (kleiner Obolus!) die Nahe und wandern am Märchenhain den Treppen-

weg hoch zur Burgruine Rheingrafenstein **03**. Oben am Turm angelangt lohnt sich der Weg links herum zu den erhöhten Aussichtspunkten. Hier hat man eine fantastische Aussicht ins Nahetal – atemberaubend –, wie schön ist doch Rheinhessen.

Das kurze Stück wieder zurück biegen wir nach dem runden Turm der Burg links ab und begeben uns den Pfad hoch, an der Sternwarte vorbei, zum Ausflugslokal Hofgut Schloss Rheingrafenstein **04**.

Wir biegen scharf links ab, wandern durch herrliche Waldpassagen und werden auf der Gans, einem Aussichtspunkt, mit einer atemberaubenden Fernsicht belohnt. Den Höhenweg entlang kommen wir noch an zwei wunderschönen Aussichtspunkten vorbei, bei denen wir das Salinental von Bad Kreuznach bewundern können. Unser Weg führt uns abwärts, am Campingplatz vorbei, zum „Brauwerk" in Bad Kreuznach **05** – wo das Bier noch selbst gebraut wird – ein Besuch lohnt sich auf jeden Fall.

Wir wandern nun über die Brücke, der B 48 entlang nach Westen und biegen gleich nach der Brücke rechts ab und, ein wenig versteckt, links den kleinen Pfad hoch zum nächsten Aussichtspunkt „Örtels Hütte" 06. Weitere Aussichtspunkte säumen unseren serpentinenartigen Weg hoch zur Hochfläche zur Elisabeth-Hütte 07 mit Blick nach Bad Kreuznach. Oben angelangt biegen wir links ab, wandern am Waldrand entlang bis vor zum Rotenfelsmassiv. Zwischendrin haben wir die Möglichkeit, zur Gaststätte „Zur Bastei" 08 (ca. 10 Min.) abzubiegen. Nun werden wir für all unsere Anstrengungen belohnt mit der Aussicht vom Rotenfels ins Naheland. Imponierend diese Felswand – wir haben die Höhe erreicht.

Nun genießen wir den Höhenweg und wandern weiter bis zum äußersten Punkt, der Bastei 09 auf dem Rotenfels, auf der wir etwas verweilen und die Landschaft auf uns wirken lassen sollten.

Von nun an geht's bergab. Der Weg führt, teilweise alpin (kurz), abwärts mit Aussichtspunkten nach Norheim und zum Donnersberg 10, weiter hinunter durch die Weinberge, mit dem letzten schönen Ausblick nach Norheim, zu unserem Ausgangspunkt, der Rotenfelsstraße in Norheim 01.

Dein Moment für die Ewigkeit

Kontrast statt Sättigung

Farbe in ein Motiv bringen, das auch in der Realität wenig Farbe besitzt, ist keine gute Idee bei der Nachbearbeitung. Ist die Umgebung in einem herbstlichen Braunton oder eher grundsätzlich farbschwach, versuche mit dem Kontrast (oder direkt über das Histogramm) zu arbeiten und zu verstärken.

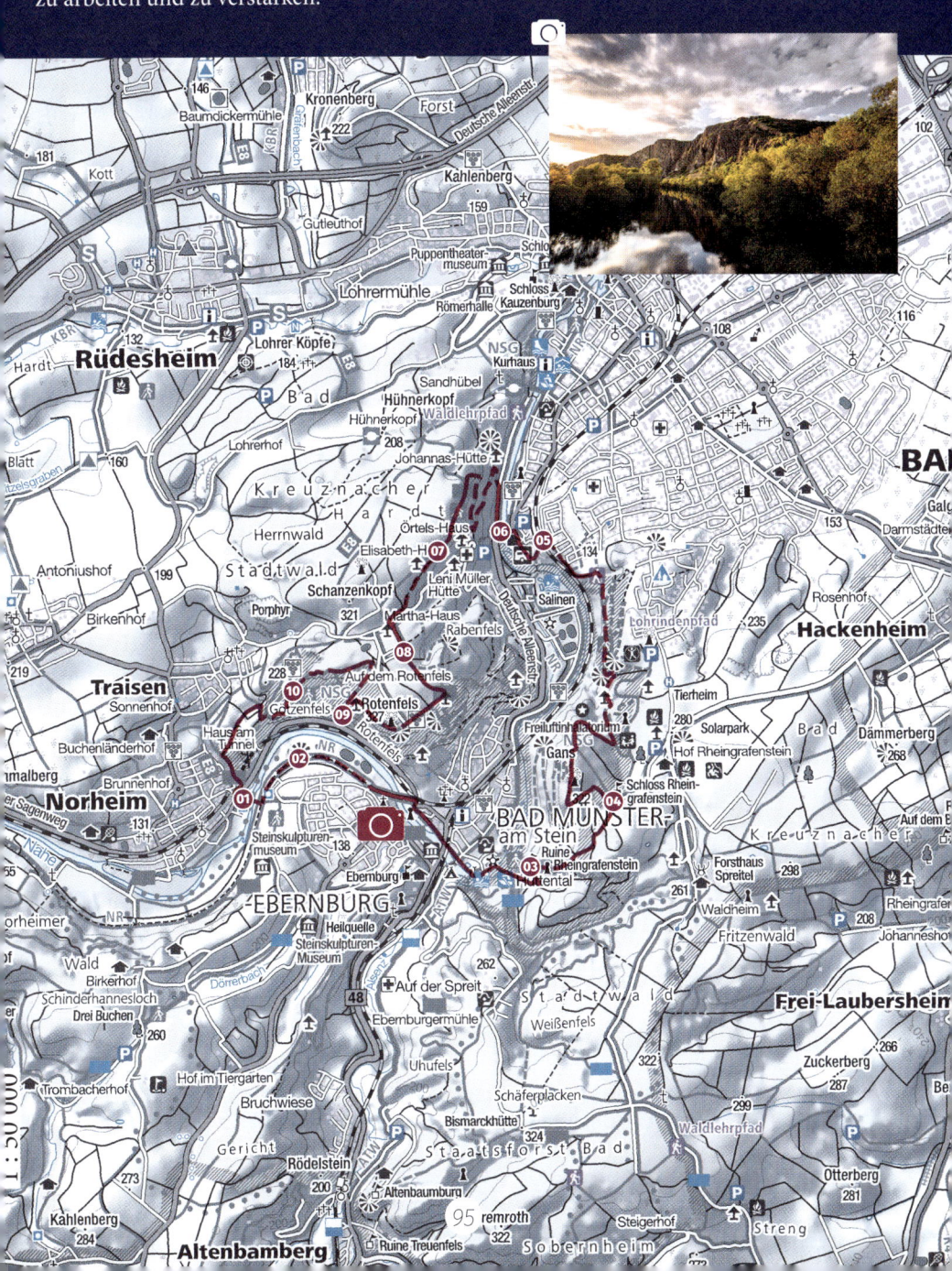

12 Der Fuchstanz am Taunus

Die Burgruine Königstein (12. Jh.) ist die zweitgrößte Festungsruine Deutschlands. Sie schützte die wichtige Handelsstraße von Frankfurt nach Köln. 1796 wurde sie durch die Franzosen zerstört. Die weitaus kleinere Burgruine Falkenstein (14. Jh.) wurde nach dem Dreißigjährigen Krieg aufgegeben und verfiel.

Bilder von: **Tayisiya Yerygina @taya_y**

Königstein – Fuchstanz – Falkenstein

Tourencharakter
Durch das Reichenbachtal auf die Höhe. Waldwanderung auf überwiegend breiten Wegen; Panoramablicke.

Start und Ziel
Rundtour Start und Ziel beim Bahnhof Königstein, 345 m.

Schwierigkeit: **leicht**
Dauer: **3:30 h**
Länge: **11,3 km**
Aufstieg **370 hm**
Abstieg **370 hm**

Höhenlinienmodell mit Streckenverlauf

Höhenprofil

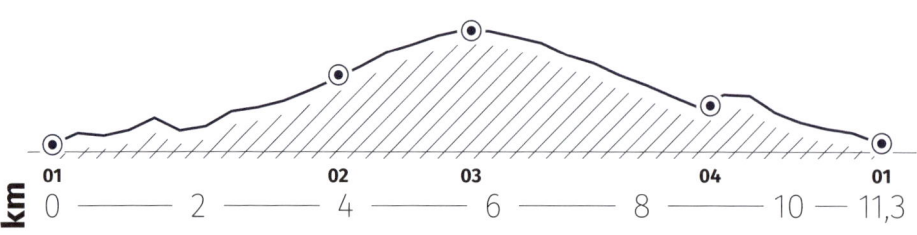

Nach der fast unvermeidlichen Einkehr auf dem viel besuchten und beliebten Fuchstanz wartet die Tour mit einem weiteren Höhepunkt auf, dem Falkensteiner Hain mit seiner Burgruine und einem herrlichen Panoramablick über die Stadt Frankfurt und das Rhein-Main-Gebiet.

▶ Vom Bahnhof Königstein **01** entlang der Bahnstraße hinauf zur Wiesbadener Straße. Links Richtung Ortsmitte. Links auf die Hauptstraße. Rechts auf die Georg-Pingler-Straße. Nun leitet der schwarze Balken mit Spitze. Zum Altenheim und rechts auf einen Gehweg. Die B 8 queren und um das Kurbad herum. Links auf den Klärchenweg und etwa 400 m am Fuß des Falkensteiner Hains entlang, dann links auf die Hugo-Amelung-Straße und ortseinwärts.

Nach 250 m rechts auf die Altkönigstraße. Zu ihrem Ende und geradeaus weiter auf einsetzenden schmalen Weg in den Wald. Dann zum breiten Kaiserin-Friedrich-Weg und rechts.

Zu einem Weiher und weiter in bisheriger Richtung, zur Rechten der Reichenbach. Nach ungefähr 750 m führt die Markierung nach links zum parallel verlaufenden breiten Tillmannsweg **02**. Hier wieder rechts und zum Fuchstanz **03** hinauf.

Nun leitet das schwarze Andreaskreuz. Rechts auf den Rübezahlweg. Auf folgenden Rechtsabzweig (Fuchstanzweg). Bergab und auf der Feldbergstraße nach Falkenstein hinein. Der Rechtskurve folgend auf den Reichenbachweg. Vor der Christkönigkirche links auf die Straße Am Steingarten. Zur

Gabelung am Waldrand. Links und durch den Falkensteiner Hain.

An der Burgruine Falkenstein **04** vorbei zum Dettweiler Tempel 📷 und rechts. Bergab, aus dem Wald und sofort rechts. Links auf die Adelheidstraße (unmarkiert). Erst die B 8 queren, dann die Hauptstraße in die Wiesbadener Straße hinein queren. Rechts auf die Bahnstraße und zurück zum Bahnhof.

Dein Moment für die Ewigkeit

Abendrot

Wenn die Sonne untergeht beugen sich die Lichtstrahlen. Das tiefstehende Licht streut sich an kleinen Partikeln in der Luft. Wenn man dem Smog der Stadt enflieht, ist eben dieser mitverantwortlich für ein intensives Abendrot.

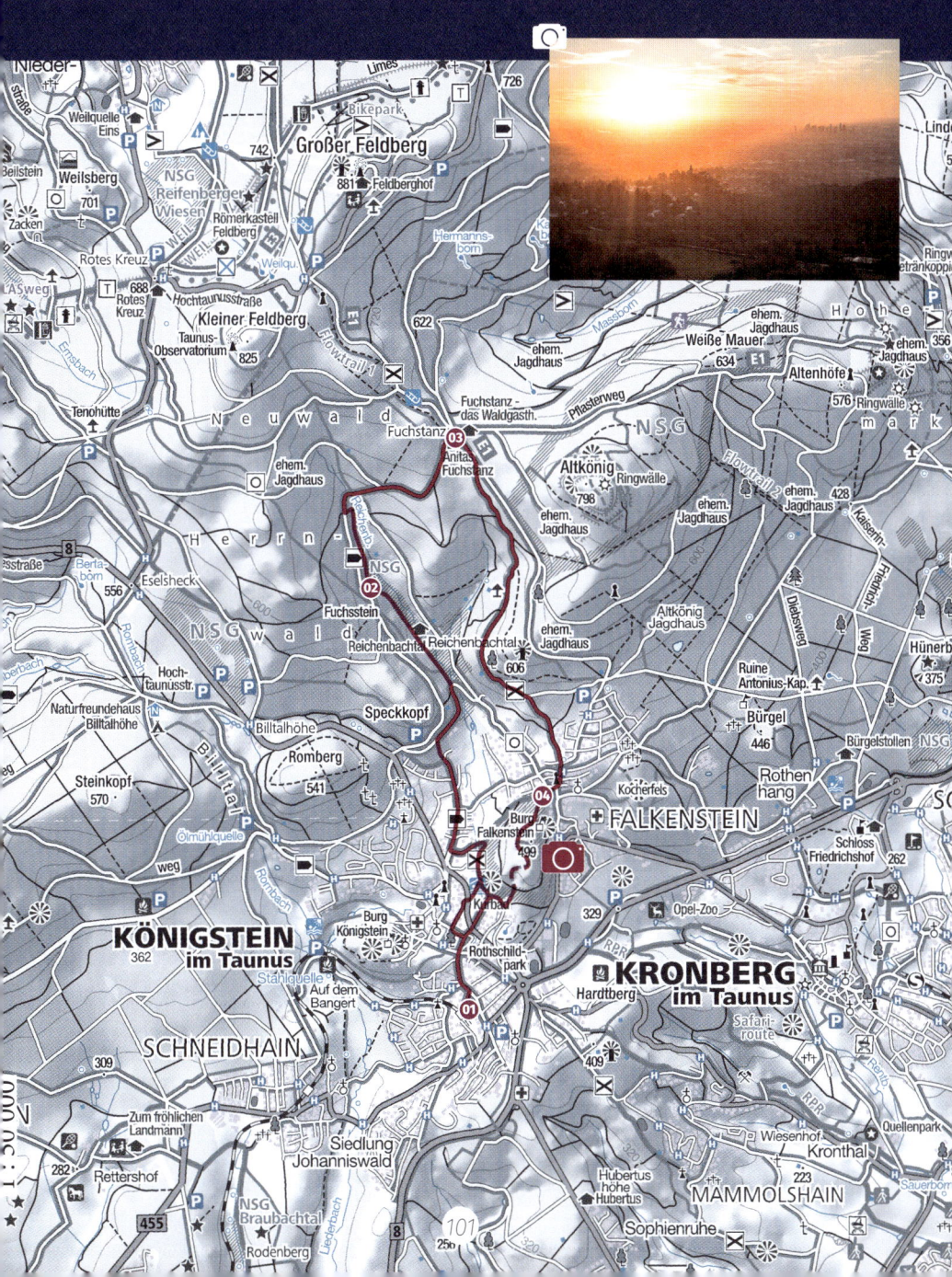

13 Multilingualer Startpunkt

Dieser zauberhafte Ort wurde im Jahre 1198 erstmals als *Mons Ioci* urkundlich erwähnt und erhielt im Mittelalter den französischen Namen *Monjoye*, den man nach dem Ersten Weltkrieg auf *Monschau* „eingedeutscht" hat. So reist eine Stadt durch die Geschichte.

Bilder von:
Martin Hübner & Jonas Hübner
@drei_blickwinkel

Monschau – Perlenbachtalsperre

Tourencharakter
Berg- und Talwanderung, auch mit steinigen und steilen Abschnitten, die entsprechendes Schuhwerk erfordern. Lauschige Partie um die Talsperre.

Start und Ziel
Großparkplatz Burgau (oder St.-Vither-Straße), gebührenpflichtig. Bus/Bahn: Busverkehr von allen Richtungen, auch von den Bahnhöfen in Aachen und Eupen (Belgien).

Schwierigkeit: **schwer**
Dauer: **4:00 h**
Länge: **10,8 km**
Aufstieg **215 hm**
Abstieg **215 hm**

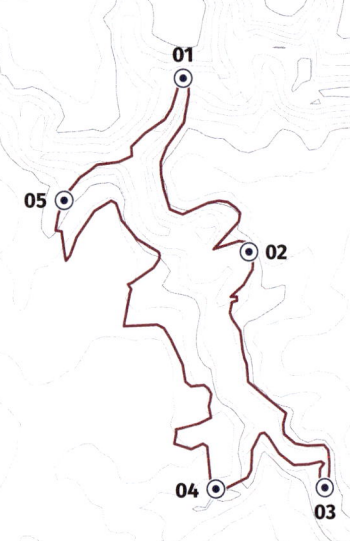

Höhenlinienmodell mit Streckenverlauf

Höhenprofil

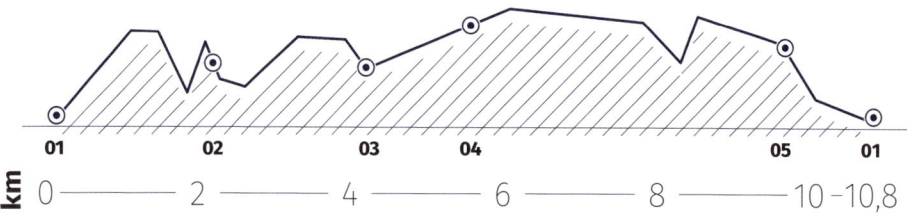

▶ Die Tour beginnt an der Zufahrt zum Parkplatz Burgau **01**, unterhalb der Toiletten, am Hang auf dem Richtung Perlenau beschilderten Monschauer Nationalpark-Wanderweg, zugleich Eifelsteig. Wir gehen ein paar Schritte den Fahrweg hinauf, links die Trittstufen hoch und steigen dann auf dem Bergpfad an. Oben geht's am Felsen Teufelsley vorbei zur Engelsley (Talblick). Nach links in den zweiten, unteren Weg, dem wir etwa 800 m lang im Auf und Ab am Steilhang folgen. An einem Schilderstock (100) wechseln wir rechts auf den Bergpfad, der sich hinter Felsgraten senkt und gegenüber der Brücke zum Hotel Per-

paar Schritte hoch, dann rechts ansteigen, auf dem rechten Weg zur Perlenbachtalsperre. An dieser entlang bis zum Einlauf

Lebendiges Treiben in alten Mauern, ein mittelalterliches Stadtbild mit idyllischen Fachwerkhäusern, engen Gassen und Kopfsteinpflaster.

www.eifel.info

lenau **02** das Perlenbachtal erreicht. Nach links dem Fluss entgegen, bald auch unter der Bundesstraßenbrücke hindurch zur Querstraße am Wasserwerk. Nach links ein

des Perlenbachs. Nun geht es auf der Klosterroute weiter. Über die Brücke **03**, rechts erst über der Talsperre, danach im Römerbachtal aufwärts. Schon weit oben rechts einen Steilpfad hoch und über die B 399 **04**.Vom Parkplatz den Wiesensteig hinauf und zwischen Zäunen zu einem Teerweg; nach rechts bis vor die Hecken, rechts wieder abwärts.

Im Wald gehen wir sogleich links den Pfad hinab, geradeaus und bald weitläufig leicht steigend. Zuletzt führt ein flacher Fahrweg zu einer Straßenkurve. Rechts in den abfallenden Weg und gerade hinunter, von unten zwischen Wiesen wieder hoch. Rechts führt ein steiniger Weg zum Wald; dort links und auf einem Fahrweg bleiben, bis wir nach 1 km den Beginn des Teerbelags erreichen. Nach rechts und am Waldrand stärker bergab.

Unten im Wald verlassen wir die Klosterroute nach rechts auf dem Weg 55, der durch das steile Hasselbachtal **05** ins Rurtal und nach Dreistegen hinabzieht. Auf dem Fußweg der Bundesstraße überschreiten wir die Brücke zur Stadt, dann folgen wir der St.-Vither-Straße zum Ausgangspunkt **01** hinab. Dort lohnt sich ein Abstecher in die Altstadt von Monschau und über die Brücke bei der evangelischen Stadtkirche 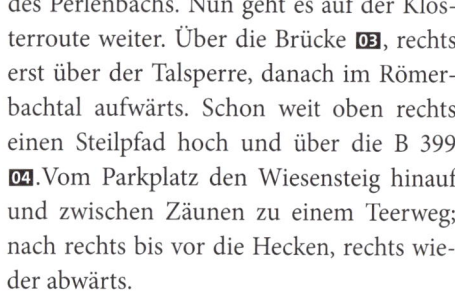.

Dein Moment für die Ewigkeit

ISO-Effekt und Grenzen

Mit dem ISO-Wert stellst du oder der Automatikmodus die Lichtempfindlichkeit des Sensors ein. Hier wurde ISO 800 genutzt. Je höher der Wert ist, umso weniger Licht wird benötigt. Der Nachteil ist, es erhöht sich auch das „Rauschen" des Bildes. Teste deine Kamera in verschiedenen Werten und finde den maximalen Wert, den du nicht überschreiten solltest.

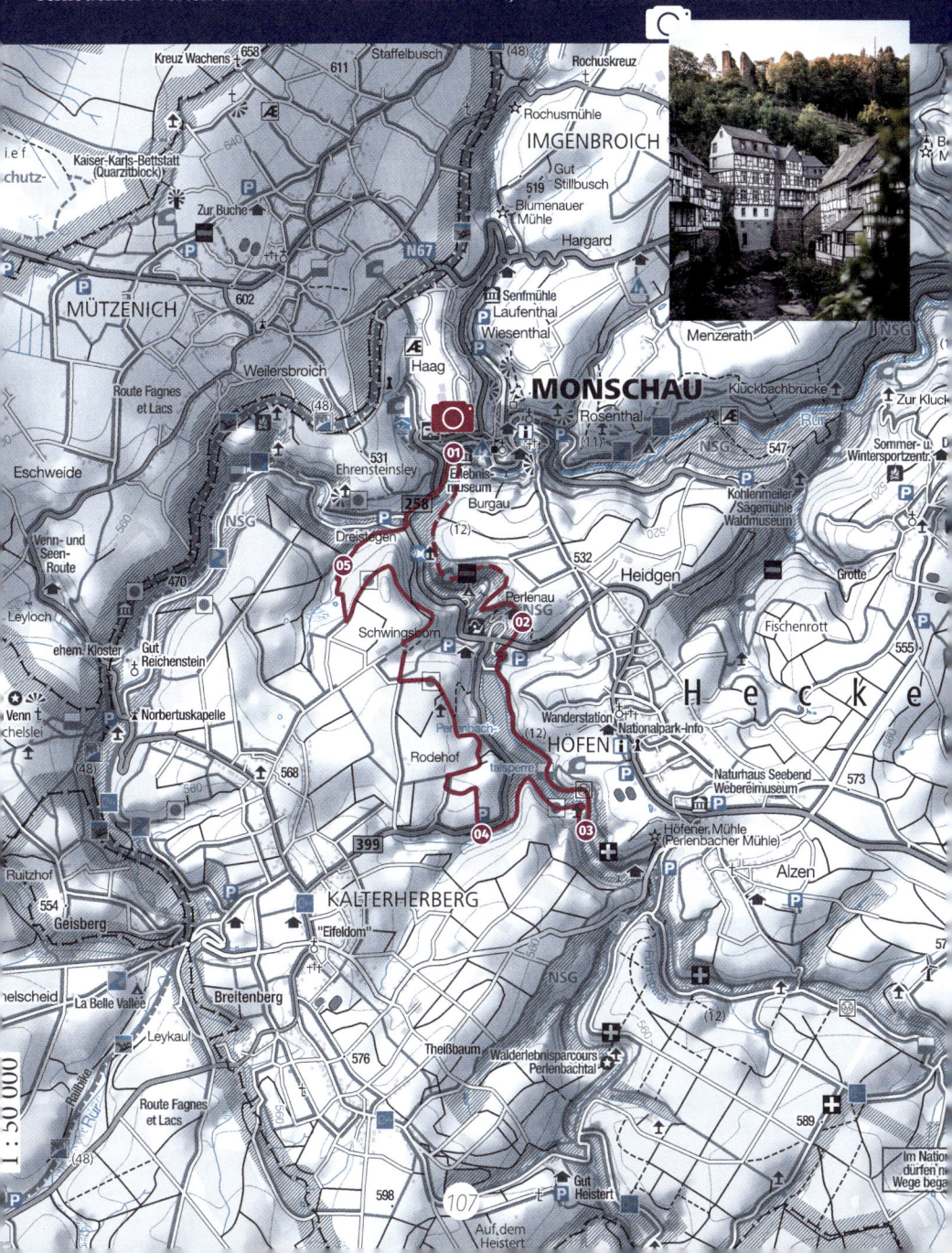

14 Tiger and Turtle – die Achterbahnskulptur

Im Duisburger Angerpark steht die derzeit wohl ausgefallenste Großskulptur des Ruhrgebiets: Tiger and Turtle – Magic Mountain. Die aus verzinktem Stahl erbaute Installation ist einer Achterbahn nachempfunden, bis auf den Looping sind die meisten Teile begehbar. Da sie sich auf einer Halde befindet, bietet sie eine umfassende Aussicht.

Bilder von: **Maren Hildebrand**
@marenclaudine

Tiger and Turtle im Angerpark

Tourencharakter
Es handelt sich um einen entspannten und zugleich anregenden Spaziergang im
Duisburger Angerpark. Höhepunkt ist die Begehung der spektakulären Groß-
skulptur. Die Tour führt über bequeme, teils befestigte, teils unbefestigte Wege.

Start und Ziel
Die Tram- und Bushaltestelle Mannesmann Tor 1 in Duisburg-Süd ist Ausgangspunkt und Ziel unserer Runde. Es besteht eine direkte Tramanbindung
(Linie 903) an den Hauptbahnhof Duisburg. Die Anfahrt mit dem PKW erfolgt
über die A 59, Ausfahrt Großenbaum.

Schwierigkeit: **leicht**
Dauer: **1:00 h**
Länge: **2,7 km**
Aufstieg **20 hm**
Abstieg **20 hm**

Höhenlinienmodell mit Streckenverlauf

Höhenprofil

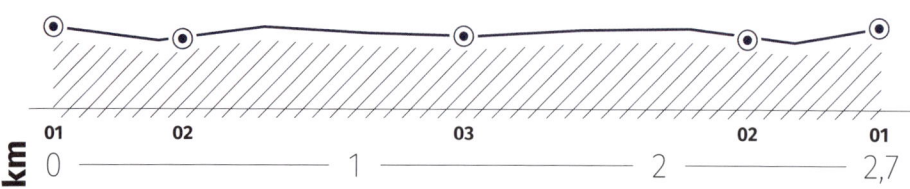

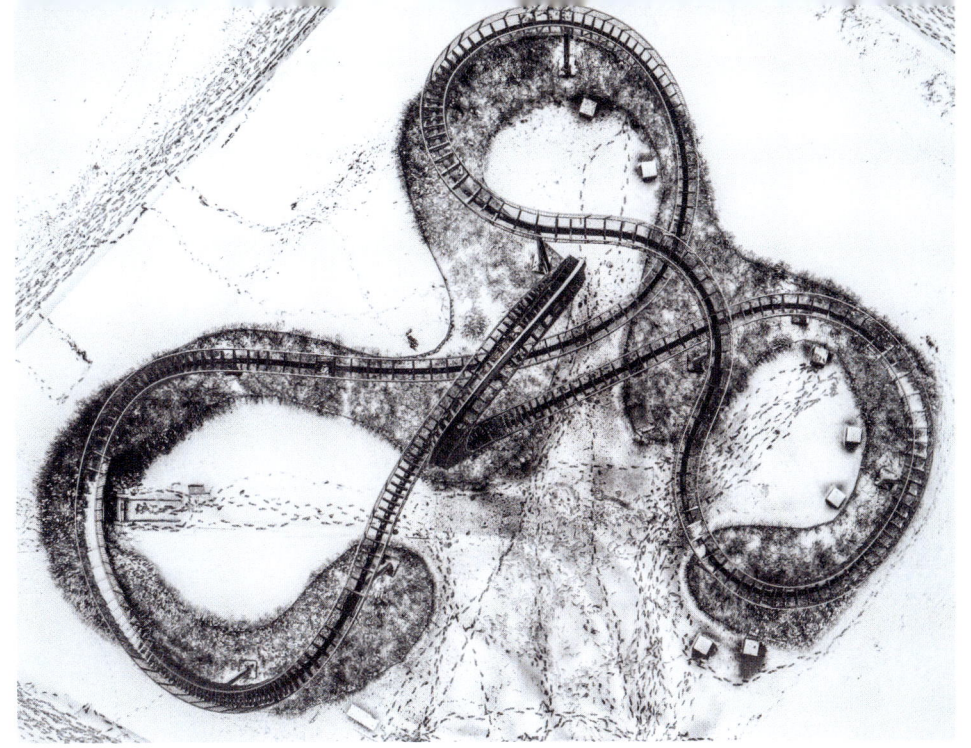

Diese „Gipfeltour" führt uns auf das begehbare Kunstwerk Tiger & Turtle auf der Heinrich-Hildebrand-Höhe im Duisburger Angerpark. Dass die Skulptur „Tiger & Turtle" heißt, rührt von ihrer Erscheinungsform her, die an einen Tiger erinnert. Der Besucher begeht sie währenddessen langsam wie eine Schildkröte. Die in ihr verbauten Materialien Zink und Stahl stellen einen historischen Bezug zum Standort her, denn bis 2005 war hier noch eine Zinkhütte in Betrieb.

▶ Wir beginnen die Tour in der Schulz-Knaudt-Straße **01**, einer Seitenstraße der Ehinger Straße bei den Tram-Haltestellen am Mannesmann Tor 1. Hier zweigt die Straße „Am Mühlstein" ebenfalls als Seitenstraße ab. Ihr folgen wir, bis sie als Weg am Angerbach herauskommt. Wir halten uns rechts und gehen dem Bach entlang, bis wir ihn links auf einer Brücke überqueren können. Die Brücke führt uns in den Angerpark **02**, wo wir geradeaus die Fahrradstraße entlangspazieren. Sie vollzieht eine Rechts- und dann zwei Linkskurven um die Heinrich-Hildebrand-Höhe herum. Hinter der zweiten Linkskurve zweigt links bzw. geradeaus ein schmalerer befestigter Weg ab, dem wir nun folgen. Wir umrunden auf ihm leicht aufsteigend die Halde eineinhalbmal und gelangen so auf spiralförmiger Route zur Achterbahnskulptur auf dem Gipfel **03** 📷. Nun können wir – mit Ausnahme des Loopings – die „Achterbahn" begehen und die tollen Blicke auf das Industriepanorama des westlichen Ruhrgebiets genießen.

Für den Rückweg können wir dem Hinweg folgen. Alternativ können wir an der Hildebrand-Höhe auf Querwegen zwischen den „Spiralarmen" direkt absteigen und die Tour somit etwas abkürzen.

Du bist nie zu alt, um
dir ein neues Ziel zu
setzen oder einen
neuen Traum zu
träumen.

C.S. Lewis, irischer Schriftsteller
(1898–1963)

Dein Moment für die Ewigkeit

Heb dich ab

Beliebte Motive sind 1000-fach immer gleich abgelichtet. Bring Abwechslung in dein Bild, das macht es interessant und hebt es von der Masse ab. Hier zum Beispiel wird die berühmte Achterbahnskulptur nur zur Nebendarstellerin neben dem geschickt platzierten Model mit Hund und dem Weitblick über die Stadt.

15 Kunst auf dem künstlichen Berg

Papst Johannes Paul II. kam am 2. Mai 1987 zu Besuch zur Zeche Prosper-Haniel. Damals war der Steinkohleabbau noch in vollem Gange. Seit 2018 wurde das Bergwerk stillgelegt. Auf dem Plateau der Halde befindet sich heute ein Amphitheater und 100 farbenfrohe Totems.

Bilder von: **Maren Hildebrand**
@marenclaudine

Auf die Halde Haniel

Tourencharakter
Auf dieser „Haldenbergtour" warten spannende Eindrücke von Natur und Industriekultur. Unterwegs sorgen Kunstinstallationen, Spuren der Geschichte und landschaftliche Highlights für viel Abwechslung. Die Tour kann an vielen Stellen variiert und abgekürzt werden.

Start und Ziel
Parkplatz an der Bushaltestelle Everslohstraße. Weitere Parkplätze befinden sich etwa 100 m nördlich an der Kirchhellener Straße. Die Anreise mit Öffis erfolgt per Buslinie 952 vom Bahnhof Oberhausen Sterkrade.

Schwierigkeit: **mittel**
Dauer: **2:30 h**
Länge: **7,4 km**
Aufstieg **260 hm**
Abstieg **260 hm**

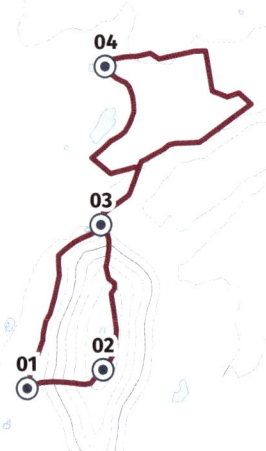

Höhenlinienmodell mit Streckenverlauf

Höhenprofil

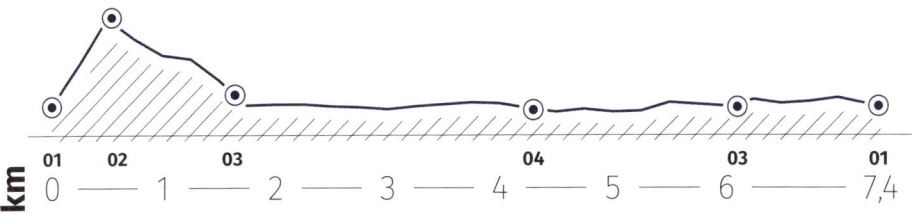

Mit etwa 118 Metern Höhe über der Umgebung ist die Halde Haniel die höchste ständig zugängliche Halde im Ruhrgebiet. Das und ihre zentrale Lage an der Stadtgrenze von Bottrop und Oberhausen verspricht eine äußerst lohnende Aussicht. Wir erklimmen die Halde gleich zu Beginn und drehen dann zur Vertiefung der Eindrücke eine Runde durch das Naturschutzgebiet Grafenmühle zu ihren Füßen.

▶ Startpunkt ist die Haltestelle Everslohstraße mit dem Parkplatz **01**, von wo wir rechts abbiegen und uns direkt auf die Halde zubewegen. Es gibt hier mehrere Aufstiegsmöglichkeiten zur Auswahl. Nehmen wir die direkte, sportliche und kurze Variante, sind wir in schweißtrei-

benden 10 bis 15 Minuten oben auf dem Plateau **02** angekommen **◉**. Dort erblicken wir erst die Greifer-Skulptur, dann, ganz oben, das Amphitheater, das wie ein kleiner Vulkankrater in den Gipfel eingelassen ist. Wir umrunden den „Krater" gegen den Uhrzeigersinn und genießen eine umwerfende Aussicht.

Es geht nun leicht bergab und wir kommen an dem kleinen See vorbei, der sich hier oben nach und nach bildet. Wir halten uns weiter an der rechten Seite an der Oberkante des Plateaus, um an seine Nordseite zu gelangen. Dort kreuzen wir zwei breite Fahrwege, bevor wir vom Plateau absteigen. Auch hier gibt es wieder mehrere Möglichkeiten, wir wählen wieder den direkten, steileren Trampelpfad.

Die Totems auf der Halde wurden 2002 von Agustín Ibarolla, einem baskischen Künstler, installiert. Die bemalten Totems sind aus alten Eisenbahnschwellen gefertigt.

Hier sind weniger Mountainbiker unterwegs als auf den flacheren Querwegen.

Unten angekommen könnten wir die Tour beenden, indem wir einfach am Fuß der Halde 03 links zurück zum Ausgangspunkt wandern. Es empfiehlt sich aber, die folgende Schleife noch mitzunehmen und das Erlebnis richtig „rund" zu machen. Wir halten uns also rechts und folgen dem breiten Weg zu einer Kreuzung mit Infotafel. Hier geradeaus weiter, sodass wir links an der Halde Schöttelheide vorbeigehen. Etwa 1,3 km legen wir am Fuß der Halde zurück, bis wir an einer Abzweigung links auf den Wanderweg X22 in das NSG Grafenmühle abbiegen. Wir folgen dann dem X22 nun durch den Grafenwald.

Kurz vor der Straße „Zur Grafenmühle" halten wir uns links und parallel zur Straße im Wald, dem Waldweg Richtung Grafenmühle folgend. Die Grafenmühle und der Teich 04 laden zur Rast oder Einkehr ein.

Unser Weg biegt vor dem Grafenmühler Teich scharf links ab und folgt als Drei-Bäche-Pfad mehreren Bachverläufen. Zwei kleine, dicht aufeinanderfolgende Abzweigungen lassen wir links liegen, bevor wir nach weiteren etwa 400 m links abbiegen. Wir befinden uns nun auf dem Weg zur Halde Schöttelheide und treffen an deren Fuß auf unseren Hinweg. Wir folgen diesem bis zum Fuß der Halde Haniel 03, die wir nun links liegen lassen und dem breiten, flachen Weg oder dem leicht auf- und abführenden Pfad am Hangfuß folgen. Beide führen uns zurück zum Parkplatz an der Kirchhellener Straße 01.

Dein Moment für die Ewigkeit

Dämmerung

Fotografieren in der Dämmerung stellt deine Kamera vor eine Herausforderung. Es wird schwer, ein perfekt ausgeleuchtetes Bild zu bekommen. Du musst dich entscheiden, ob du eher die hellen oder die dunklen Stellen zeigen willst. Auf dem Foto wurde die Belichtungsmessung auf dem dunklen Totem angesetzt. Das Foto wird dadurch stärker belichtet. Der Himmel erscheint jedoch leicht überbelichtet.

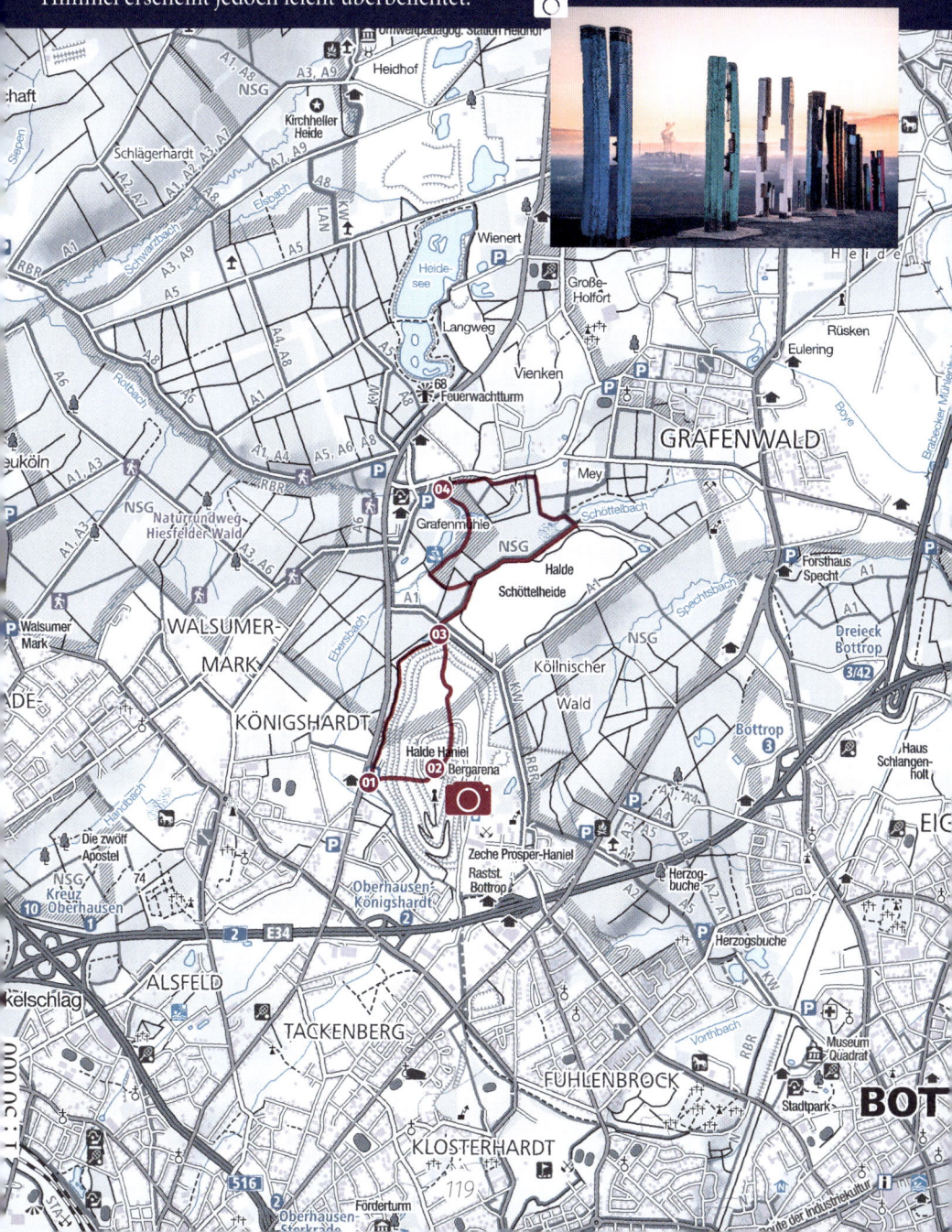

16 Die Sauerland-Waldroute mit Bus und Bahn

Hier werden Natur, Geschichte und Industrie auf einem Weg erlebbar gemacht.

Bilder von: **Klaus-Peter Kappest**

Von Rüthen nach Warstein

Tourencharakter
Eine abwechslungsreiche Etappenwanderung auf der Sauerland-Waldroute.

Start und Ziel
Der Startpunkt liegt in Rüthen; täglich verkehrt die Linie R77 von Warstein (dem Zielpunkt). Warstein-Markt ist mit der Buslinie R76 vom Bahnhof Meschede sehr gut erreichbar.

Schwierigkeit: **mittel**
Dauer: **4:45 h**
Länge: **16,8 km**
Aufstieg **357 hm**
Abstieg **432 hm**

Höhenlinienmodell mit Streckenverlauf

Höhenprofil

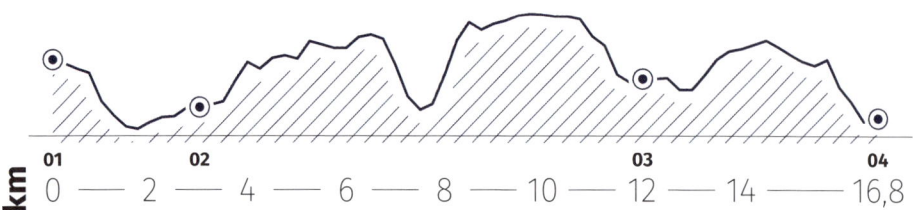

Auf dieser sehr abwechslungsreichen Tour erwarten dich allerhand Sagen und Mythen aus dem Arnsberger Wald.

▶ Unsere Tour startet an der Katholischen Bücherei im Ortszentrum Rüthen **01**. Von dort aus folgen wir zuerst dem Zuweg Richtung Waldroute durch das Möhnetal mit Ziel Bibertal. Dort passieren wir das Tor zur Waldroute **02**. Ein Abstecher in das Tal bietet die Möglichkeit zu einem Besuch der Umweltbildungsstation „Waldschiff" oder dem Walderlebnis-Biberpfad. Weiter geht es mitten durch den Arnsberger Wald 📷 nach Kallenhardt, für eine kurze Rast bietet sich hier das Romantikhotel Knippschild an. Aus dem Örtchen führt der Weg über weite Flächen, die an vielen Stellen noch den Kalkabbau erkennen lassen, zum Hohen Stein **03**.

Über einen Zuweg geht es nun vorbei an Suttrop Richtung Ziel. Auch hier finden sich Spuren der Suttroper Kalkgeschichte, wie der Kalkofen oder der Diamantpfad. Anschließend führt die Strecke nun Richtung Warstein-Markt **04** mit einigen schönen Einkehrmöglichkeiten.

Die Landschaft erobert man mit den
Schuhsohlen, nicht mit den Autoreifen

Georges Duhamel (1884–1966)

Dein Moment für die Ewigkeit

Hell-Dunkel-Kontrast

Die dunkle Stimmung der Felswand wirkt beinahe unheimlich. Das warme Taschenlampen-
licht im Inneren der Höhle bildet dazu einen perfekten Kontrast. Das Spiel zwischen hellen
und dunklen Bildteilen fasziniert beim Betrachten, der Übergang von Dunkel nach Hell lässt
den Blick ins Bild wandern.

17 Brocken-Roundabout

Selbst bequeme Reisende, die den Waggons der 1885 eröffneten Brockenbahn entsteigen, sind vom schier endlosen Blick in die Ferne hingerissen. Auf dem kurzen Rundweg um den höchsten Gipfel des Harzes intensiviert sich dieser Eindruck noch gewaltig!

Bilder von: **Janis Wieczorek**
@janiswieczorek

Der Brocken-Rundwanderweg

Tourencharakter
Leichte Panoramawanderung.

Start und Ziel
Brockenbahnhof (1125 m, per Brockenbahn oder zu Fuß erreichbar).
Bahn: Brockenbahn Drei Annen Hohne – Schierke – Brocken.

Schwierigkeit: **leicht**
Dauer: **1:00 h**
Länge: **1,3 km**
Aufstieg **17 hm**
Abstieg **17 hm**

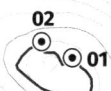

Höhenlinienmodell mit Streckenverlauf

Höhenprofil

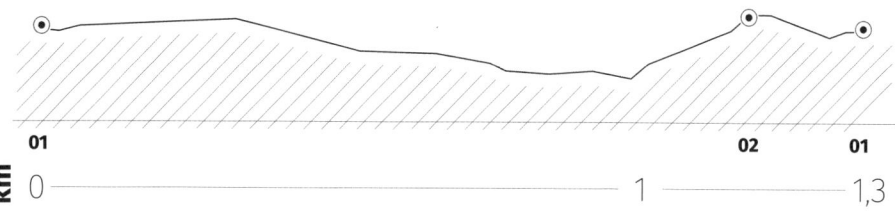

Seit Juli 1992 können unsere Gäste wieder den höchsten Gipfel Norddeutschlands mit unseren rund 700 PS starken Dampfrössern erklimmen. Als reine Adhäsionsbahnen, also ohne Zahnräder oder ähnliche Hilfsmittel, meistern unsere Dampflokomotiven dies mehrfach täglich.

www.hsb-wr.de, die Webseite der Harzer Schmalspurbahnen

Der Brocken-Rundwanderweg leitet als exzellenter Panoramaweg vom Brockenbahnhof durch die Hänge und auf den höchsten Gipfel im deutschen Norden. Fast zwei Millionen Menschen besuchen jährlich den Brocken, doch trotz Massentourismus ist die Faszination dieses Ausnahmebergs, der seinen Namen nach den Bruch- und Moorgebieten im Westhang trägt, auch aus der Wanderperspektive ungebrochen – sofern man früh auf den Beinen ist. Bis Ende des 19. Jhs. erfolgte der Aufstieg zum Brocken vergleichsweise naturnah zu Fuß, zu Pferd oder auf Maultieren, ab 1885 fuhr bei Schneefreiheit täglich ein Pferdeomnibus auf den Brocken, 1898 wurde der Eisenbahnverkehr eröffnet: Bis zu zehnmal täglich fährt heute die Brockenbahn auf den höchsten Harzgipfel und schleudert ihre Qualmwolken in die Wälder des Nationalparks.

Eisenbahnnostalgiker beschreiben die Fahrt mit dieser Schmalspurbahn, die von 700 PS starken Dampfrössern gezogen wird, als unvergessliches Erlebnis. Die Brockenbahn, Bestandteil der Harzer Schmalspurbahnen (HSB), zweigt in Drei Annen Hohne (543 m) von der Harzquerbahn ab und fährt via Schierke (687 m) zum Brockenbahnhof (1125 m), dem höchstgelegenen Bahnhof aller deutschen Adhäsions-Schmalspurbahnen.

▶ Vom Brockenbahnhof **01** führt der Gipfelrundweg oberhalb der Gleise an der Wetterwarte vorbei zum Brockengarten, einem 1890 begründeten und 1990 neu angelegten alpenbotanischen Garten.

Mit großartigem Ausblick Richtung Wurmberg und Achtermannshöhe erreicht der Rundweg die Felsen von Teufelskanzel und Hexenaltar. Sie zeigen wie viele andere Granitfelsen des Harzes eine typische Wollsackverwitterung. Über die Wollsackverwitterung – die bekanntesten Felsen am Brockengipfel sind die Teufelskanzel und der Hexenaltar – entstehen große Gesteinsblöcke, die durch Umlagerung und weitere Verwitterungsprozesse die Ausbildung von Blockfeldern bedingen. Aussichtsreich führt der Weg weiter im Hang, berührt vorübergehend die Baumgrenze und trifft unterhalb des Funkturms Brocken auf den von Ilsenburg heraufführenden Hirtenstieg = Heinrich-Heine-Weg **⊙**.

Der Heinrich-Heine-Weg führt rechts hinauf zum Brockengipfel **02** mit der Brockenuhr, die die Punkte im Blickfeld benennt. Daneben finden sich das Brockenmuseum, das Brockenhotel Brockenherberge und weitere Einkehrstätten sowie das 1736 als erstes Bauwerk auf dem Brocken errichtete Wolkenhäuschen mit einer Plakette, die an Goethes Winteraufstieg im Jahr 1777 erinnert. Von hier geht es auf der autofreien Zufahrt zurück zum nahen Ausgangspunkt, dem Brockenbahnhof.

Dein Moment für die Ewigkeit

Stabil scharf

Grundsätzlich gilt der doppelte Brennweitenwert für die Belichtungszeit als Garant gegen verwackelte Bilder. Beispielsweise wie hier bei einer Brennweite von 50 mm sollte man mit mindestens 1/100 belichten. Wer kein Risiko eingehen will nimmt gleich ein kleines Stativ mit oder improvisiert vor Ort.

18 Des Teufels Großeltern

Wie ein Drachenkamm erscheint das Hamburger Wappen, die bizarr verwitterte Sandstein-Schichtrippe zwischen Blankenburg und der Kuxburg. Nicht weit davon entfernt findet man auch ein felsiges Familientreffen mit einem steinernen Großvater samt Großmutter.

Bilder von: **Janis Wieczorek**
@ janiswieczorek

Blankenburger Teufelsmauer

Tourencharakter
Aussichtsreiche Wald- und Felswanderung auf teilweise gesichertem Steig, der Trittsicherheit und Schwindelfreiheit erfordert.

Start und Ziel
Hotel-Restaurant Helsunger Krug (150 m) östlich der Stadt Blankenburg. Anfahrt B 6, Ausfahrt Blankenburg-Ost. Bahn/Bus: Wer mit öffentlichen Verkehrsmitteln anreist, steigt von Blankenburg aus in die Wanderung ein; Bahnhof Blankenburg (Harz) an der Strecke Halberstadt – Blankenburg.

Schwierigkeit: **mittel**
Dauer: **3:00 h**
Länge: **8,7 km**
Aufstieg **181 hm**
Abstieg **181 hm**

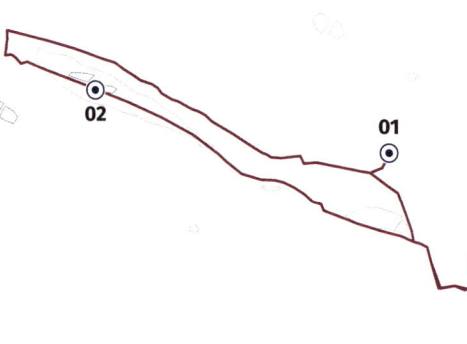

Höhenlinienmodell mit Streckenverlauf

Höhenprofil

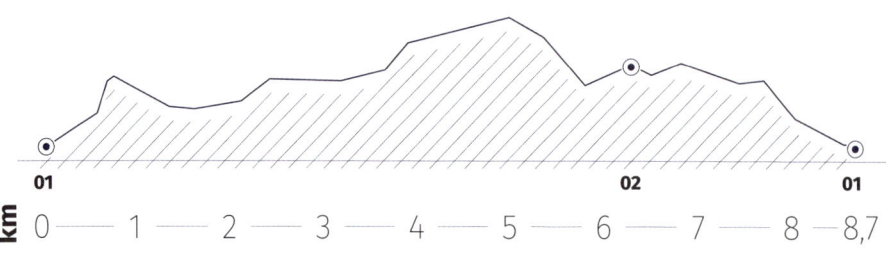

Über die Entstehung der Teufelsmauer gibt es viele verschiedene Sagen und noch mehr Variationen derselben. Sie stimmen alle in dem Punkt überein, dass sie im weitesten Sinne eine Grenzmarkierung des Herrschaftsgebietes des Teufels darstellen soll.

www.harzlife.de

▶ Ausgangspunkt der Wanderung ist das Hotel-Restaurant Helsunger Krug **01** am Nordfuß der Teufelsmauer, nahe des Dorfs Timmenrode. Vom Parkplatz führt ein Weg auf den Wald zu und überquert die ehemalige Bahntrasse; früher befand sich hier der Bahnhof Helsunger Krug.

Im Jahr 1994 wurden hier die letzten Museumszugfahrten veranstaltet, heute ist das ursprünglich bis Thale führende, inzwischen bis Timmenrode zurückgebaute Gleis weitgehend zugewachsen.

Der Wanderweg führt zum Wald hinauf, an der Gabelung geht es links weiter zum Ost-ende der Blankenburger Teufelsmauer, wo mit der Felsformation Hamburger Wappen ⎙ einer der spektakulärsten Punkte wartet. Die Kuxburg, eine kleine mittelalterliche Wehranlage, beherrschte das Ostende der Blankenburger Teufelsmauer, hier soll sich bereits zur Zeit König Heinrichs im 10. Jh. ein königliches Jagdhaus befunden haben.

Vom Hamburger Wappen führt ein Pfad Richtung Blankenburg westwärts über den Kamm. Schon bald verwandelt sich der Waldpfad in einen Felssteig, der nicht an allen ausgesetzten Stellen geländergesichert ist und Trittsicherheit erfordert. An ein rasches Vorwärtskommen ist auf diesem

im Jahr 1853 angelegten Felssteig nicht zu denken, so großartig ist die Umgebung und so häufig sind die Punkte zum Rasten und Schauen. Unter den zahlreichen Einzelfelsen ist der zuletzt erreichte Großvater **02** der höchste.

In den Fels gehauene Trittstufen und Griffhaken führen wie eine Wendeltreppe auf den schmalen Gipfel dieses Felsturms, der eine erstklassige Aussicht auf Blankenburg und die Berge des Hochharzes gewährt.

Am (West-)Fuß des Großvaters in der Einsattelung vor der Großmutter befindet sich eine Pfadverzweigung. Geradeaus (links an der Großmutter vorbei) gelangt man in die sehenswerte Altstadt von Blankenburg (Abstieg von der Teufelsmauer auf einer Stufenanlage, unten an der Straße links und die erste rechts), links befindet sich eine Gaststätte, rechts zweigt unser Rückweg in den Nordhang ab. Geruhsam führt er in Eichen-Buchen-Wäldern zurück zum Hotel-Restaurant Helsunger Krug **01**.

Dein Moment für die Ewigkeit

Recherche ist dein Freund

Du bist unterwegs zur Blankenburger Teufelsmauer? Eine gute Entscheidung, denn damit wartet eine aussichtsreiche Tour auf dich. Mach dich aber ruhig vorher über die nähere Umgebung schlau. So findest du zum Beispiel nur einen Katzensprung entfernt ein weiteres Motiv-Highlight: Die namensverwandte Teufelsmauer in Weddersleben.

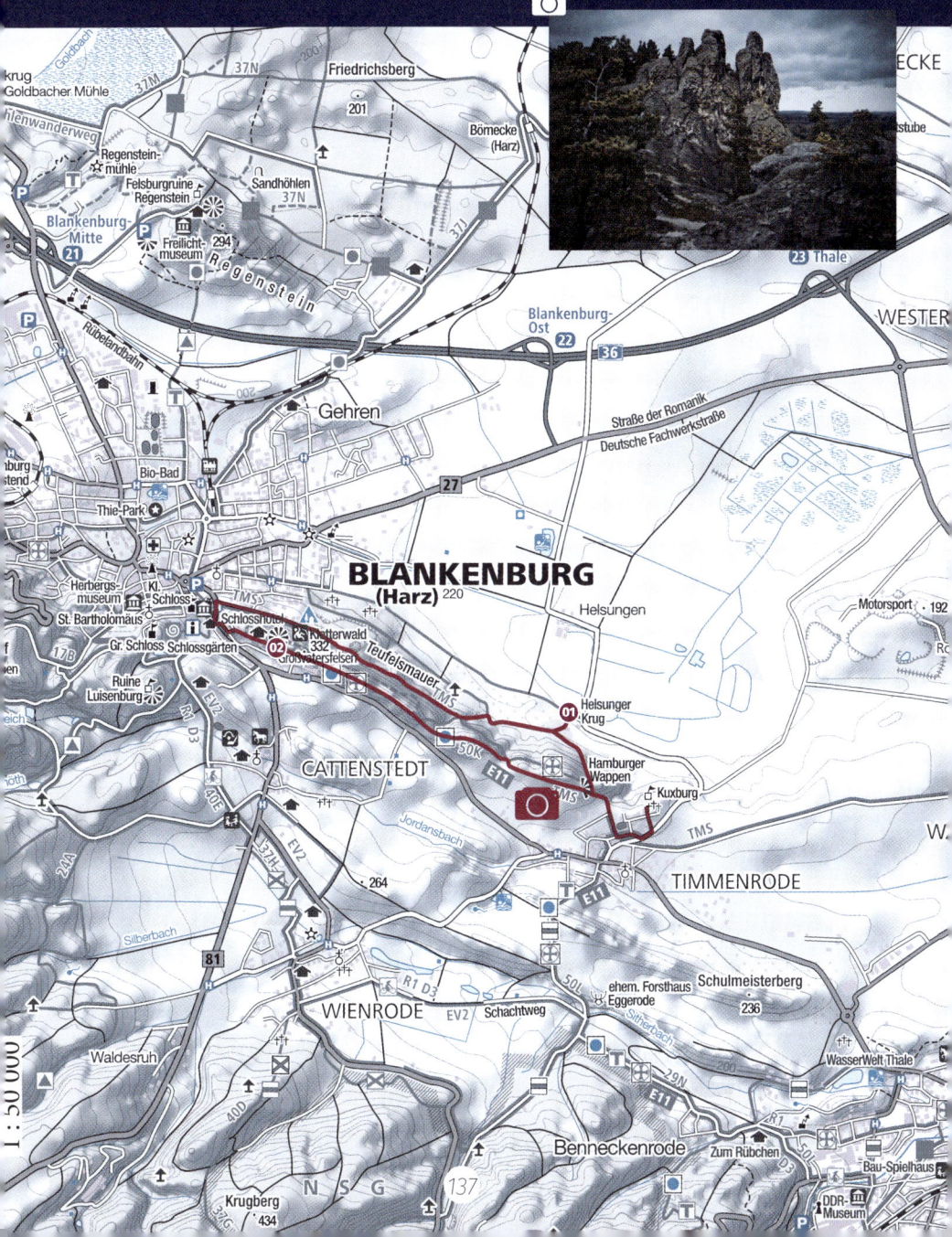

1 : 50 000

137

19 Senkrechtes Symbol

Die Barbarine, eine 42,7 Meter hohe und frei stehende Felsnadel im Massiv des Pfaffensteins, gilt als das Wahrzeichen der Sächsischen Schweiz. Welch ein Kontrast zu den flachen Zirnsteinen am Horizont!

Bilder von: **Anne Köhler** @anne.khlr

Königstein – Pfaffenstein –Barbarine

Tourencharakter
Insgesamt steile Wanderung, Steiganlagen am Pfaffenstein.

Start und Ziel
S-Bahnhof Königstein; Anfahrt auf der B 172 Dresden – Pirna – Königstein.

Schwierigkeit:	**mittel**
Dauer:	**3:00 h**
Länge:	**8,4 km**
Aufstieg	**320 hm**
Abstieg	**320 hm**

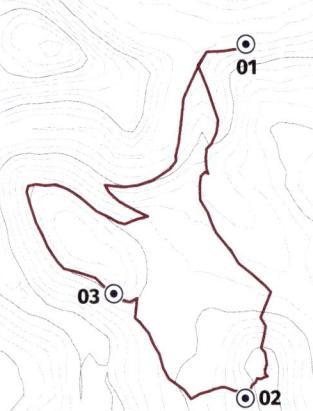

Höhenlinienmodell mit Streckenverlauf

Höhenprofil

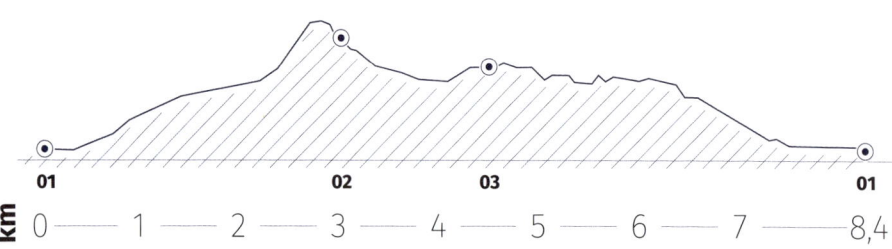

Von Königstein an der Mündung der Biela in die Elbe führt diese Wanderung über den zerklüfteten Pfaffenstein zum Quirl, wo uns mit der Quirlpromenade einer der schönsten Hochwaldsteige der Sächsischen Schweiz erwartet.

▶ Vom S-Bahnhof Königstein **01** gehen wir elbseitig der Bahnlinie wenige Meter fluss- elbabwärts bei klarer Sicht Dresden zeigt. Auf dem Plateau sollte man den ausgeschilderten Abstecher zur Barbarine (als Kletterfelsen seit 1975 gesperrt!) unternehmen, einer sagenumwobenen Felsnadel, die als ein Wahrzeichen der Sächsischen Schweiz gilt 🔲. Nach dem Nadelöhr und vor der Gaststätte rechts abbiegen zum ausgeschilderten Opferkessel.

Was du für den Gipfel hältst, ist nur eine Stufe.

Seneca, römischer Dichter und Philosoph (etwa 1–65)

abwärts, treffen beim Anleger der Elbfähre auf die Wanderwegweiser (Richtung „Pfaffenstein"), folgen der Bielatalstraße kurz aufwärts zur Kur-sächsischen Postdistanzsäule und biegen mit der Markierung. „Grünpunkt" links auf den Weg „Pfaffenberg" ab, der im Hang des Bielatals steil aufwärts führt. Oben in Pfaffendorf mündet der Grünpunkt-Weg auf die serpentinenreiche Kreisstraße, folgt ihr kurz aufwärts, biegt an den Wanderwegweisern rechts ab und leitet hinauf zum Pfaffenstein **02**, wobei der steile Schlussanstieg durch das Nadelöhr auf einer Stufenanlage erfolgt. Auf dem zerklüfteten, bewaldeten Gipfelplateau lädt eine Bergwirtschaft zur Einkehr, der steinerne Aussichtsturm gewährt Aussicht ostwärts zu den Zschirnsteinen und zum Rosenberg, während sich

Bei der Gastwirtschaft sind mehrere Abstiegsvarianten ausgeschildert (z. B. der abenteuerliche Klammweg), wir folgen der „bequemen", die sich wiederum ver-

zweigt. Die Varianten treffen unterhalb des Jäckelfelsens in der Nähe einer als Kleiner Kuhstall bezeichneten Trümmerhöhle wieder zusammen. Hier am Westfuß des Pfaffensteins finden sich auch die Reste einer bronzezeitlichen Wallanlage. An der Verzweigung unterhalb der Wallanlage folgen wir der Rotpunkt-Markierung weiter abwärts, wechseln in den Hang über dem Tal des Cunnersdorfer Bachs und umrunden auf der Quirlpromenade den Quirl **03**, den Tafelberg mit dem größten Sandsteinplateau der Sächsischen Schweiz; früher befanden sich hier Felder. Kurz nach Passieren eines Sandsteintrogs kann man auf dem Kanonenweg einen Abstecher auf das Plateau unternehmen und im Südosten die Quirlaussicht genießen. Wer weiter über das Quirlplateau streift, trifft auf Verwitterungsformen, die mit Namen wie Feuerpfanne, Teufelssitz und Opferbecken bezeichnet sind. Die 29 m lange und bis zu 4 m hohe Diebshöhle (Diebskeller) auf der Nordostseite des Quirls ist die größte Schichthöhle des Elbsandsteingebirges. Kurz nach der Diebshöhle zweigt die Rotpunkt-Markierung scharf links ab und leitet hinab nach Königstein **01**.

Dein Moment für die Ewigkeit

Gegen das Licht

...das ist Fluch und Segen in einem. Gegenlicht lässt Haare in Gold erstrahlen und magisch leuchten und du kannst gezielte lens flares erzeugen. Es besteht die Gefahr von unbeabsichtigten Blendenflecken, Über- und Unterbelichtung. Setze die Belichtungsmessung weder an dem hellsten (Sonne), noch an dem dunkelsten Fleck (Schatten) an. So wird das Bild gleichmäßiger belichtet.

20 Auf der Bastei beginnt's

Die 76,5 Meter lange Basteibrücke führt über die 40 Meter tiefe Mardertelle-Schlucht zur Ruine der Burg Neurathen und zu den berühmtesten Aussichtspunkten über der Elbe. Was für ein Touren-Auftakt!

Bilder von: **Anne Köhler @anne.khlr**

Bastei – Uttewalder Grund – Rathewalde

Tourencharakter
Wald-, Schluchten- und Wiesenwanderung auf Wegen, wurzeligen Pfaden und Stufenanlagen.

Start und Ziel
Bastei-Parkplatz (317 m) an der Basteistraße im Süden der Gemeinde Lohmen. Bushaltestelle Bastei des Bastei-Busses, der im Sommerhalbjahr alle 30 Minuten vom Park-and-Ride-Parkplatz an der Abzweigung der Basteistraße zu den Haltestellen Steinerner Tisch und Bastei fährt.

Schwierigkeit: **leicht**
Dauer: **3:00 h**
Länge: **11,0 km**
Aufstieg **140 hm**
Abstieg **140 hm**

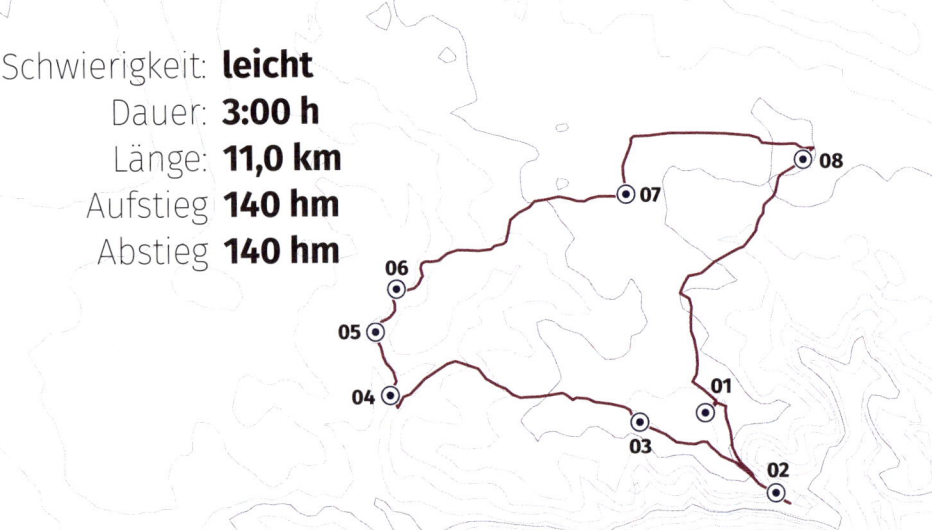

Höhenlinienmodell mit Streckenverlauf

Höhenprofil

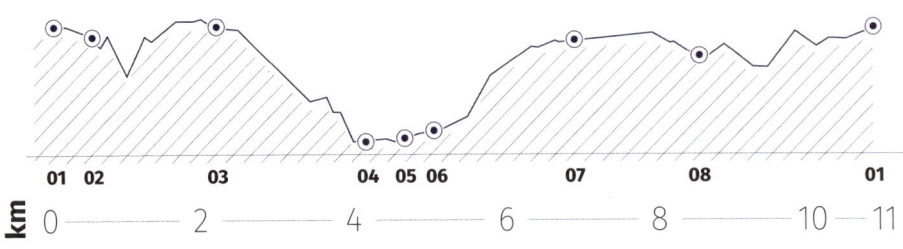

Freundliche Hütten und gute Bewirthung mit Caffe Doppelbier liquer und frischem Butterbrod erquickten den müden Wanderer sehr...

Julius August Walther von Goethe (1789–1830), Sohn des berühmten Dichters, 1819 über das erste Bastei-Gasthaus

Die Bastei ist der berühmteste Aussichtsfelsen der Sächsischen Schweiz – und das Felsentor im canyonartigen Uttewalder Grund war schon vor 200 Jahren ein „Wallfahrtsziel" für Romantiker.

▶ Vom gebührenpflichtigen Bastei-Parkplatz **01** führt die ab hier für den öffentlichen Verkehr gesperrte Basteistraße an der Haltestelle des Bastei-Busses vorbei durch den Wald zur Bastei; auf dieser Straße wandern die Fahrgäste, die am Ausgangspunkt zahlreichen Reisebussen entsteigen. Wer sich eine Wanderung wesentlich einsamer und zudem straßenfern vorstellt, biegt am Ende des Parkplatzes (also noch vor der Bushaltestelle) links auf den Pfad ab, der gleich darauf im Wald in den Wanderweg Gansweg mündet. Der Gansweg führt rechts zu einem der schönsten Aussichtsfelsen des Basteigebiets, der Felskanzel Wehlsteinaussicht. Hier erfolgt der unvermeidliche Wechsel auf die Basteistraße, die zum Berghotel und Panoramarestaurant „Bastei", zum Nationalparkhaus Schweizerhaus und zum Aussichtsfelsen Bastei **02** 194 senkrechte Meter über der Elbe führt 📷.

Von der Felskanzel geht es auf der Basteistraße zurück, bis der mit den Zeichen „Rotpunkt" markierte Fremdenweg links Richtung Steinerner Tisch abzweigt. Dieser bequeme Waldweg ist bis zum Steinernen Tisch Teil des „Malerwegs". Von der autofreien Waldgaststätte Steinerner Tisch 03, benannt nach einem kleinen quadratischen Tisch, der hier zu Beginn des 18. Jhs. für eine fürstliche Jagdgesellschaft aufgestellt (und 1994 erneuert) wurde, führt die Rotpunkt-Markierung auf einem naturbelassenen Fels- und Wurzelweg abwärts in die romantische Felsschlucht Höllengrund, vorbei an der Felsformation Steinerner Bär. Der Höllengrund mündet in den „schwarzen" Zscherregrund (zu tschechisch cerny: schwarz), zwischen dessen imposanten Felswänden ein Teerweg weiter abwärts führt und bald das geologische Denkmal Strudeltopf erreicht: Nordische Granite, die von den Wassermassen abschmelzenden Gletschereises wie Mahlsteine bewegt wurden, hobelten hier im Sandstein eine kesselförmige Vertiefung mit einem Durchmesser von 70 cm aus. An der nächsten Verzweigung, am Freundschaftsstein 04, verlassen wir den nach Wehlen hinabführenden Teerweg und wandern rechts in den Uttewalder Grund hinauf, eine der berühmtesten Felsschluchten der Vorderen Sächsischen Schweiz. Der schöne Waldweg in dieser Schlucht führt an der Teufelsküche vorbei

zur autofreien Gaststätte Waldidylle 05, dahinter verschmälert sich der Weg und erreicht das berühmte Felsentor im Uttewalder Grund.

Kurz oberhalb des Felsentors führt der mit dem Zeichen „Gelbstrich" markierte Bruno-Barthel-Weg 06 rechts auf einem gesicherten Steig durch die Flanke des Uttewalder Grundes und leitet dann pfadartig im Wald zur Basteistraße 07 hinauf, zuletzt aussichtsreich in den Feldern. Der Basteistraße folgt der Bruno-Barthel-Weg kurz links und zweigt in der Linkskurve rechts auf einen Feldweg ab, den historischen Schulweg; er bietet eine exzellente Aussicht zum Winterberg, zu den Schrammsteinen, zum Rosenberg, zum Zirkelstein, zum Lilienstein und zu weiteren markanten Höhen. Der aussichtsreiche Schulweg führt in das Kirchdorf Rathewalde 08 und an der Kirche rechts zur Gaststätte Lindengarten, wo sich die Wanderwege teilen. Einerseits beginnt am Lindengarten der Abstieg in den Amselgrund und nach Niederrathen, während der mit dem Gelbstrich-Zeichen markierte Rathewalder Basteiweg schräg rechts abzweigt, bald im Wald eintaucht und zurückführt zum Ausgangspunkt Bastei-Parkplatz 01.

Dein Moment für die Ewigkeit

Dich kenn ich doch

Die Bastei Brücke ist eines der klassischsten Fotomotive in der Sächsischen Schweiz und dazu noch gut erreichbar. Da solltest du deinen Ausflug dorthin gut planen, um dem Andrang zu umgehen. Die Aufnahme ist um sieben Uhr morgens entstanden. Angenehmer Nebeneffekt zu dem wenigen Publikum: Das herrliche Licht!

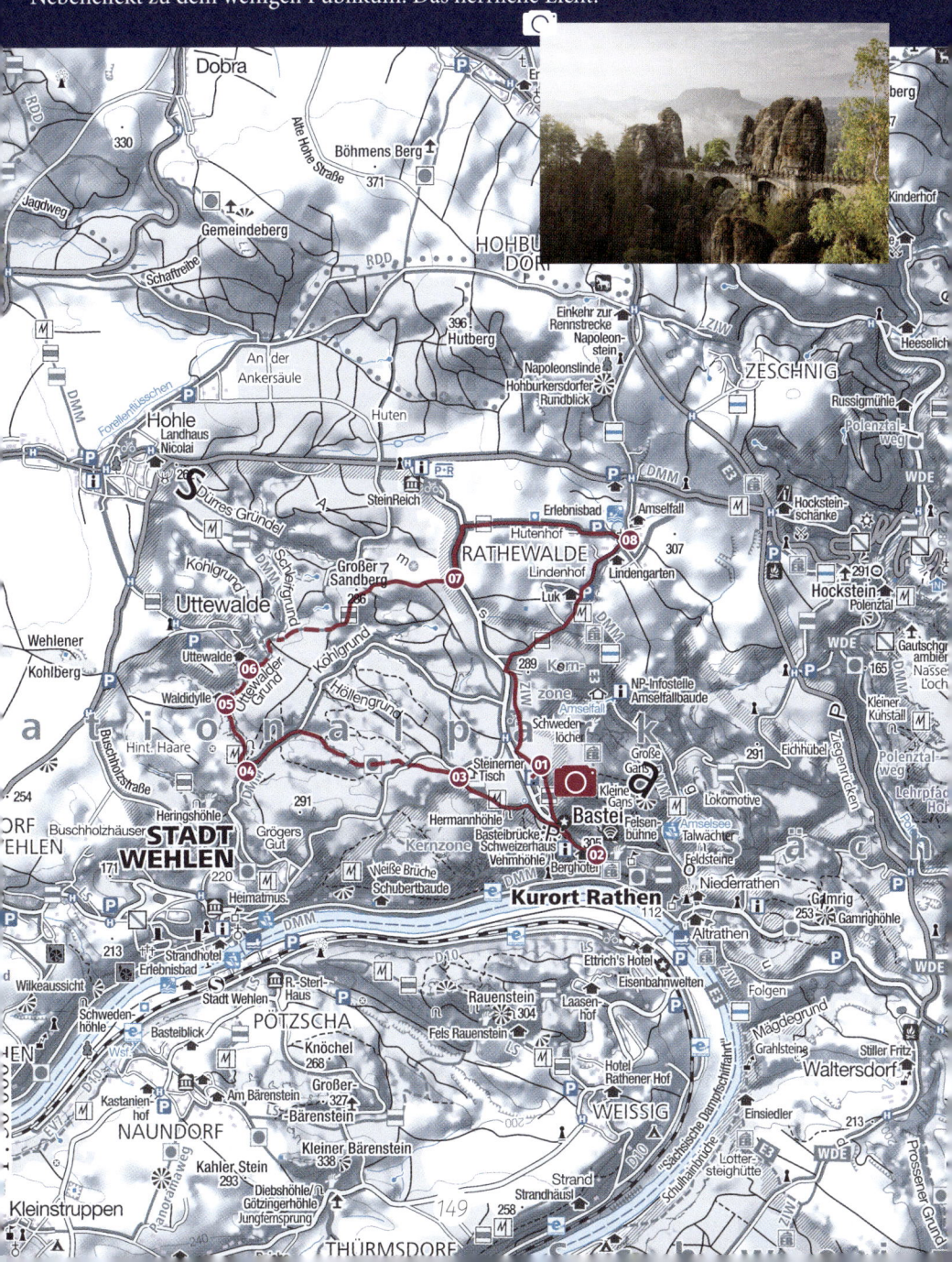

21 Auf dem E10 durch den Unterspreewald

Wanderung durch den Spreewald entlang urwaldartiger Wälder, alte Hudewälder, Birken-/Eichen-Wald, Auenwald, Heidebereiche, Sandrasen und Feuchtwiesen.

Bilder von: **Peter Becker**
@spreewaldfotograf

Schlepzig – Lübben

Tourencharakter
Aufgrund der Streckenlänge ist eine gute Kondition erforderlich, zudem benötigt man am Ende der Wanderung etwas Orientierungssinn. Fast alle Wege können auch mit dem Fahrrad befahren werden.

Start und Ziel
Pkw-Anfahrt auf der A 13 Dresden-Berlin, die Ausfahrt Teupitz Richtung Märkisch Buchholz nehmen und dort der B 179 nach Schlepzig folgen. Parkplätze bei der Kahnfährhafenstelle an der Dorfstraße. Oder zur Bushaltestelle Schlepzig, Kirche mit dem Bus 506. Zurück nach Schlepzig kommt man vom Bahnhof Lübben mit den Bussen 500 oder 506.

Schwierigkeit: **mittel**
Dauer: **3:45 h**
Länge: **14,3 km**
Aufstieg **50 hm**
Abstieg **50 hm**

Höhenlinienmodell mit Streckenverlauf

Höhenprofil

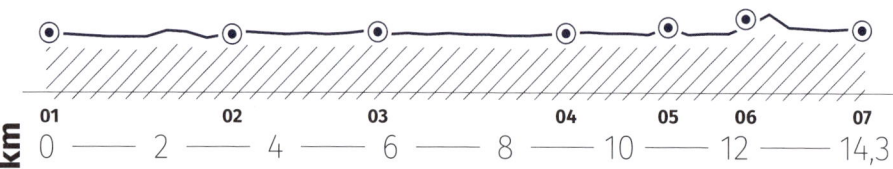

Auch die längste Reise beginnt mit einem einzigen Schritt.

Laozi, chinesischer Philosoph (6. Jahrhundert v. u. Z.)

▶ Vom Parkplatz am Kahnhafen in Schlepzig **01** gehen wir auf der Dorfstraße ortseinwärts über die Brücke bis zur historischen Dorfmühle. Dort laufen wir rechts auf der Dammstraße bis sie endet. Rechts gelangen wir zum fischreichen Inselteich. Bei dem nachfolgenden Rastplatz gabelt sich der Weg. Halb rechts führt der Weg um das Nordwestufer und parallel zur Hauptspree. Der etwas weitere Weg führt am östlichen Ufer entlang. Beide Wege um den Inselteich sind zielführend und führen am südwestlichen Ufer des Sees wieder zusammen. Nach weiteren 300 m zweigt rechts ein Weg ab und führt zum Spreewaldgasthaus Petkampsberg **02**. Von dort gehen wir auf dem weiterführenden Weg bis zur Kreuzung, dort rechts auf einem erhöhten

Schotterweg westlich vom nachfolgenden Sommerteich bis zu seinem südlichen Ende. Dort wo der Spreeteich vom Moorteich von einem Damm getrennt ist zweigen wir nicht rechts zum Hartmannsdorfer Wehr ab, sondern erst nach ca. 300 m. Rechts von uns liegen die Biebersdorfer Wiesen **03**. An der nächsten Weggabelung gehen wir rechts und nun westlich vom Kranichteich, Birkenteich, und Waldteich. Wir verlassen den Weg nach einer Linkskurve und gehen halb rechts über einen Bahndamm.

Dort wo der Weg endet halten wir uns rechts, bei der nächsten Weggabelung halb rechts und dann sofort wieder scharf links. Es geht nun durch das Naturschutzgebiet Wiesenau, wieder entlang der Spree und

einem Ensemble aus Altarmen, Teichen, Feuchtwiesen, Verlandungszonen und Gehölzen. Der Verlauf der Spree gabelt sich in zwei Läufe, wir laufen entlang des Umflutkanals bis an die Trasse der Spreewaldbahn **04**, die zum Fuß- und Radweg umfunktioniert wurde. Auf den Bahnbrücken überqueren wir die beiden Flussläufe und gelangen zum Gasthaus Lehnigksberg **05**.

Vom Gasthaus führt der Lehnigksberger Weg am Rand der Auenlandschaft der Schützenwiesen längs der Neuen Spree südwärts Richtung Lübben. Bald geht es am Spreenebenfluss Berste weiter. Nach Queren der Berliner Chaussee, beim Kahnfährhafen am Nordrand von Lübben, führt der weitere Weg durch das parkartige Naturschutzgebiet „Der Hain" **06** 📷. Viele Wege erschweren die Orientierung.

So laufen wir nah bei dem Flusslauf der Berste – die wir aber nicht überqueren – und gelangen dann über die beginnende Friedensstraße und Bahnhofstraße zum Bahnhof Lübben **07**. Von dort fahren wir mit dem Bus zum Ausgangspunkt zurück.

Dein Moment für die Ewigkeit

Eingebettet

Der Fotograf umschließt das Häuschen mit den saftig grünen Bäumen. Die Schiffchen vor dem Bootshaus geben einen zusätzlichen Farbklecks und erzeugen im Gesamtbild eine schöne einladende, sommerliche Komposition. In diese kräftigen Farben gebettet zieht das Hauptmotiv alle Blicke auf sich.

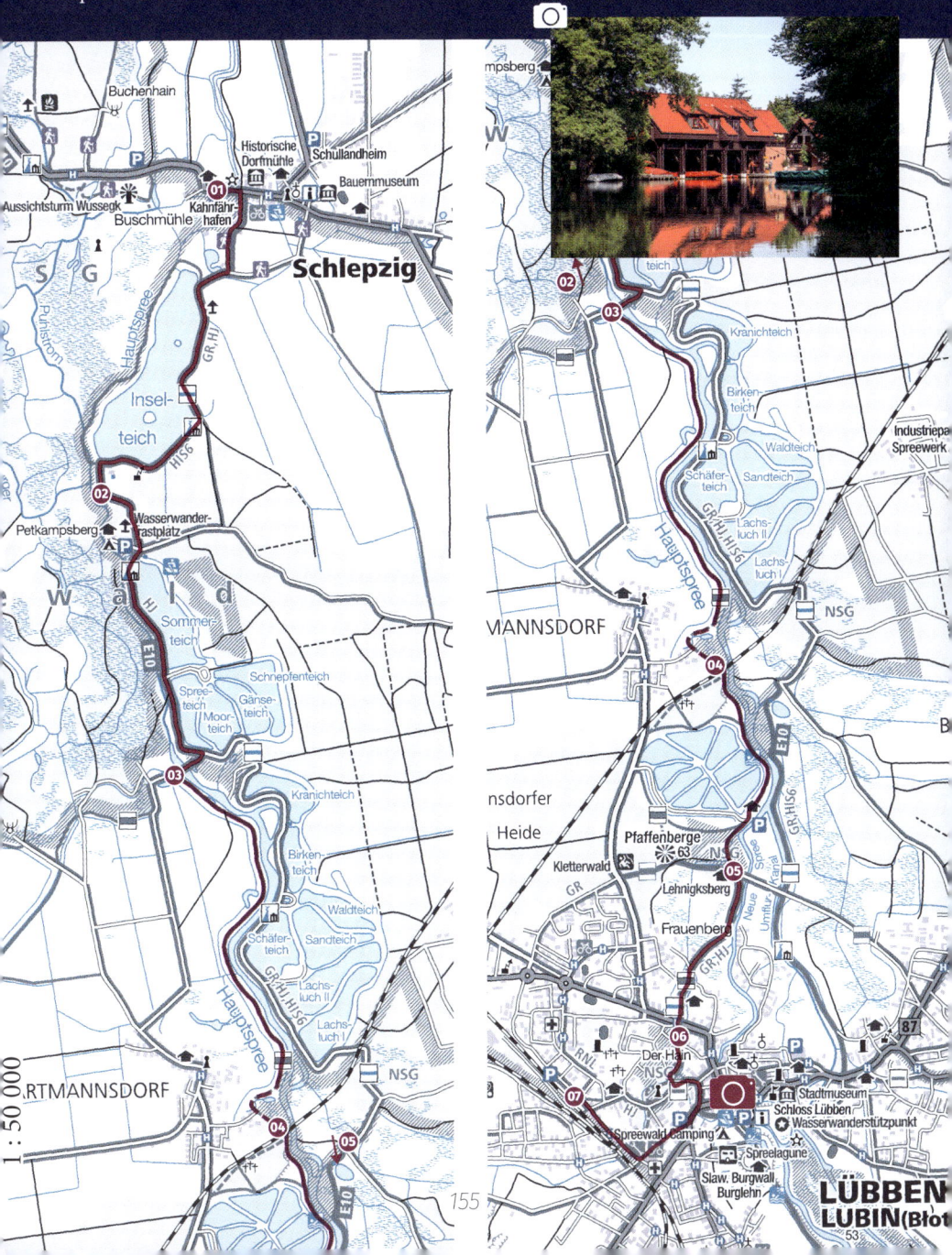

22 Durch die „Rote Insel"

Ein Spaziergang durch eine Insel, die von Gleisen gebildet wurde. Vorbei am Gasometer und
zu einem Naturpark, in dem die Natur sich
Bahn- und Gleisanlagen zurückerobert hat.

Bilder von: **Fabian Pfitzinger**
@travelpixelz

Die „Rote" Insel

Tourencharakter
Eine kleine Zeitreise durch das südliche Berlin: Schöneberg. Vom historischen
Spurenlesen auf festen Wegen im „roten" Schöneberg bis hin zum Naturschutzgebiet Südgelände, einem ehemaligen Rangierbahnhof. Im Südgelände führen wei-
che Pfade, umgeben von dichter Vegetation, entlang alter Relikte aus vergangenen Zeiten. Angrenzend an das Südgelände lohnt sich ein Abstecher zur Siedlung
Lindenhof aus den 1920er Jahren, die seinerzeit ein Vorreiter der Gartenstadt-
bewegung war. Auf den Gasometer sind nur geführte und vorab gebuchte Touren
möglich. (Geplante Bauarbeiten – bitte vorab informieren)

Start und Ziel
Start ist der S-/U-Bahnhof Yorckstraße (S1, S2, S25,
U7) mit der Buslinie M19; Anfahrt aus Westen über die
Potsdamer Straße bzw. aus Osten über die Yorckstraße.
Ziel ist der S-Bahnhof Priesterweg (S2, S25) mit den
Buslinien M76, X76, 170, 246; Ausfahrt Prellerweg.

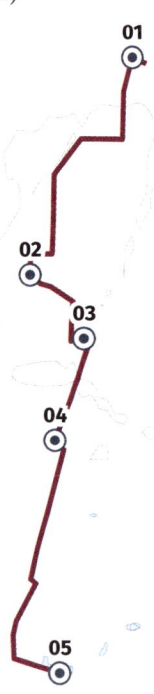

Schwierigkeit: **leicht**
Dauer: **1:40 h**
Länge: **5,3 km**
Aufstieg **30 hm**
Abstieg **30 hm**

Höhenlinienmodell mit Streckenverlauf

Höhenprofil

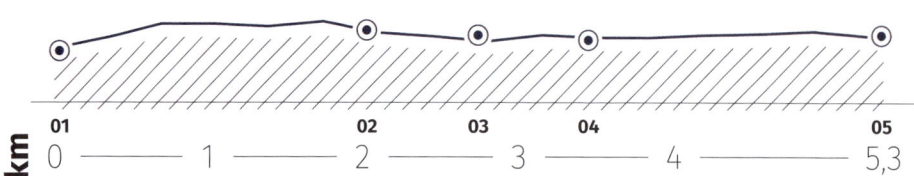

Die von Gleisen und Industrieanlagen gesäumte Insel war
das „Eastend" von Schöneberg. Neben den Militärs lebten
hier auch viele klassenbewusste Arbeiter. Sie standen
politisch und kulturell den Sozialdemokraten und
Kommunisten nahe, wählten also „rot".

www.inseltour-berlin.de

▶ An der Yorckstraße 01, über die sich einst 45 Eisenbahnbrücken spannten, beginnt die Schöneberger Tour. Hier eröffnet sich die Schöneberger Insel – auch „Rote Insel" genannt. Die Insel wird durch die Yorckstraße im Norden, den S-Bahnhof Schöneberg im Südwesten und das Südkreuz im Südosten abgegrenzt. Nun hält man sich stets gegen Süden. Über die Katzlerstraße steuert man geradewegs auf den Alten St.-Matthäus-Kirchhof zu. Ein Besuch auf dem historischen Friedhof mit seinen jahrhundertealten denkmalgeschützten Mausoleen und Grabmälern lohnt sich – denn hier ruhen auch die Gebrüder Grimm.

Weiter südwärts über die Monumentenstraße kreuzt man dann die Julius-Leber-Brücke und gelangt auf die Leberstraße. Um 1900 war dies die Hauptgeschäftsstraße mit unzähligen Kneipen und Geschäften und bildete mit der Cherusker- und Gotenstraße das Herz der „Roten Insel". Schlendert man ein wenig die Leberstraße hinunter, steht man sogar vor dem Geburtshaus Marlene Dietrichs.

Durchquert man nun diese Straßen, gelangt man zum 📷 02 Gasometer, das mit seinen 78 m majestätisch in den Himmel ragt. Erbaut wurde es 1907 und gehörte damals zu den drei größten Gasometern Europas.

Anschließend wendet man sich nach Osten, über den Annedore-Leber Park zum Südkreuz. Geht man am Gebäude des Südkreuzes entlang, gelangt man auf eine Brücke, die über die Autobahn führt und den Beginn des Südgeländes einleitet. In baldiger Sichtweite erhebt sich eine weitere Brücke, die nun über die Bahngleise in das Südgelände hineinreicht.

Im Südgelände lassen wir uns von den Pfaden und Stegen – ehemalige Gleise, die mit weichem Rindenmulch ausgelegt sind, leiten. Eine 18 Hektar große Oase eröffnet sich, mit seltenen Tier- und Pflanzenarten. Die Pfade führen durch einen Tunnel aus Lianen und Birken, der im Sommer grün erstrahlt. Entlang der Stege tauchen vereinzelte Relikte auf: Eine Drehscheibe, eine ausgemusterte Dampflokomotive, Ruinen, ein alter Wasserturm und

schlussendlich der ehemalige Rangierbahnhof mit Lokomotivhalle.

Weiter an der Lokomotivhalle entlang, gelangen wir zum südlichen Eingang des Parks. Zum Abschluss lohnt sich hier ein Abstecher zur Siedlung Lindenhof . Orientiert an der „Gartenstadt" war diese Siedlung in den 1920er Jahren eine der bekanntesten in Berlin. Sie zeichnete sich durch die Möglichkeit der Selbstversorgung durch Gärten, zahlreiche Gemeinschaftseinrichtungen und parkähnliche Freiflächen mit Weiher aus.

Der Rückweg kann über den gleichen Weg angetreten werden, doch biegt man dann links neben der Lokomotivhalle ab und gelangt so zu einem weiteren Ausgang, der direkt im S-Bahnhof Priesterweg mündet.

Dein Moment für die Ewigkeit

Legal

Auf den Gasometer kommt man nur mit einer geführten Tour. Nicht nur von wo, sondern auch was man fotografiert sollte man sich vorab überlegen. Nicht jeder Bewohner sieht es gerne, wenn man ihm die Kamera ins Gesicht hält. Genauso wie bei Personen verhält es sich auch mit der Gegend. Für manche Gebäude und ganze Gebiete muss man sich zunächst die Fotorechte einholen.

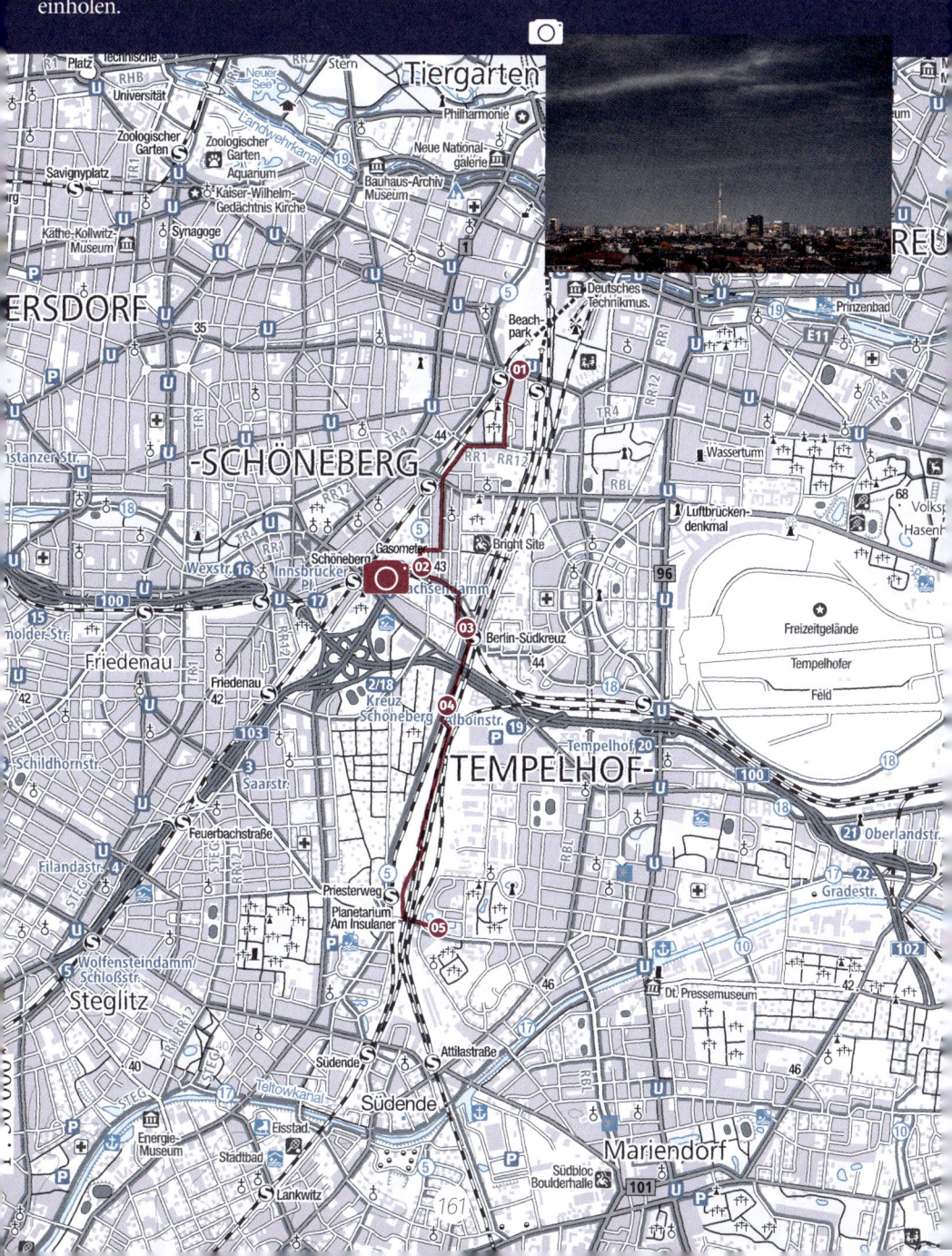

23 Weltkulturerbe in der Havel

Diese faszinierende Rundwanderung liefert einen unvergesslichen Blick durch ein Fenster in die wechselvolle Geschichte Berlins.

Bilder von: **Fabian Pfitzinger**
@travelpixelz

Glienicke – Pfaueninsel – Nikolskoe

Tourencharakter
Durch den Glienicker Volkspark benötigt man etwas Orientierungssinn, ansonsten verläuft die Wanderung auf gut angelegten Wegen mit einer schönen Rundwanderung auf der Pfaueninsel

Start und Ziel
PKW-Anfahrt über die B 1 nach Potsdam. Parkmöglichkeiten am Straßenrand der Königstraße. Die Pendelfähre zur Pfaueninsel fährt in den Sommermonaten zwischen 10 und 18 Uhr und in den Wintermonaten von 10 bis 16 Uhr. Zur Bushaltestelle Schloss Glienicke kommt man mit den Bussen 316 und N16.

Schwierigkeit: **leicht**
Dauer: **2:30 h**
Länge: **10 km**
Aufstieg **50 hm**
Abstieg **50 hm**

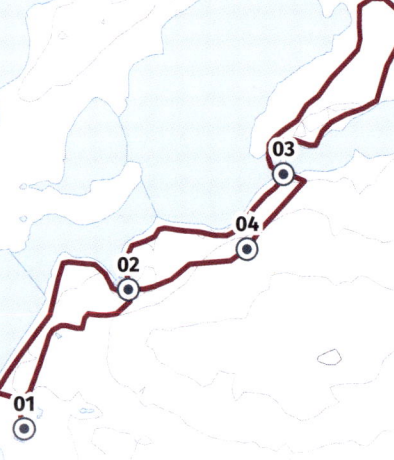

Höhenlinienmodell mit Streckenverlauf

Höhenprofil

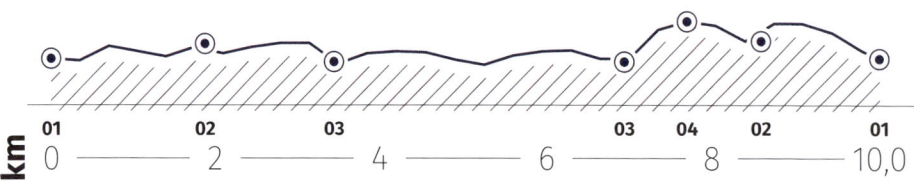

Nicht wer alt ist, weiß viel,
sondern wer viel herumgekommen ist.

Sprichwort aus der Türkei

▶ Von der Bushaltestelle in der König-straße gehen wir nur einige Meter in westliche Richtung und dann rechts auf dem gepflasterten Weg durch die Pforte in den Schlossgarten Glienicke. Vorbei geht es am Schloss Glienicke **01** und auch gleich links hinter dem Restaurant – rechts befindet sich die Orangerie – durch den Landschaftspark zum Casino Glienicke.

Von dem nordöstlich gelegenen Bogengang des Casinos wandern wir links an dem Gebäude des Klosterhofes vorbei – dahinter liegt die Orangerie – bis zum nächsten querenden Weg, um dort links durch ein Parktor auf die Havelpromenade zu gelangen. Nordöstlich, teils unter alten Bäumen, teils mit exzellenten Ausblicken – Blickfang ist die Heilandskirche am gegenüberliegenden Ufer des Jungfernsees – an der Teufelsbrücke vorbei zum Wirtshaus Moorlake **02** und weiter zum Fähranleger. Eine Pendelfähre fährt auf die Insel, wo beim Fährhaus **03** der Rundweg im Uhrzeigersinn beginnt. Im Kastellanhaus wohnte der Gutsverwalter. An den Pyramidenpappeln am Ufer vor dem Haus lag der königliche Landungssteg. Der Weg führt durch einen Laubengang steil bergauf, die junge Linde oben auf der

Höhe wurde 1988 in einen 300 Jahre alten hohlen Baum hineingepflanzt. Rechts liegt der 1822 angelegte Blumengarten, links das 1829 – 1930 nach einem Entwurf von Friedrich Schinkel und Albert Dietrich Schadow erbaute Schweizer Haus. Wenig später erreicht der Weg das kulissenhafte weiße Schloss , 1794 – 1796 als künstliche Burgruine errichtet. Am ehemaligen Palmenhaus, am Jacobsbrunnen und am Lamabrunnen geht es vorbei zum Parschenkessel, einer schilfumgebenen Bucht. Im Norden der Insel erreicht der Weg den turmartigen gotischen Bau der 1794 – 1795 erbauten Meierei und führt dann rechts an der Laichwiese vorbei. Hinter den Wiesen zeigt sich der Luisentempel. Am Kunckelstein geht es in Ufernähe weiter zum Beelitzer Jagdschirm, einer 1828 durch Anlage eines Teichs entstandene Insel vor der Ostspitze der Pfaueninsel. Weiter südwärts befindet sich einer der schönsten Rosengärten Deutschlands, wenig später ist der Fähranleger 03 wieder erreicht. Am Festland geht es rechts und hinter dem Gebäude des Restaurants auf den halb links abzweigenden und beraufführenden Weg in den Laubwald. An der ersten Kreuzung geradeaus bis zur Kirche Sankt Peter und Paul, 1834 – 1837 von August Stüler nach Entwürfen Friedrich Schinkels errichtet. Hinter dem Gasthaus Blockhaus Nikolskoe 04 gehen wir auf der Zufahrtsstraße bis zum querenden Nikolskoer Weg vor, dort rechts und zweigen gegenüber einer Parkplatzzufahrt rechts auf den Waldweg ab. Er führt hinab zum Wirtshaus Moorlake 02.

Am unteren Ende des Parkplatzes beginnt halb links der Waldweg durch den Glienicker Volkspark zurück zum Schloss Glienicke 01.

Dein Moment für die Ewigkeit

Den Vordergrund malen

Bei der Fotografie gibt es einen berühmten Merksatz: „Vordergrund macht Bild gesund."
In diesem Bild bilden die fliederfarbenen Hortensien eine romantische Überleitung zum
eigentlichen Motiv – dem märchenhaften Schloss auf der Pfaueninsel.

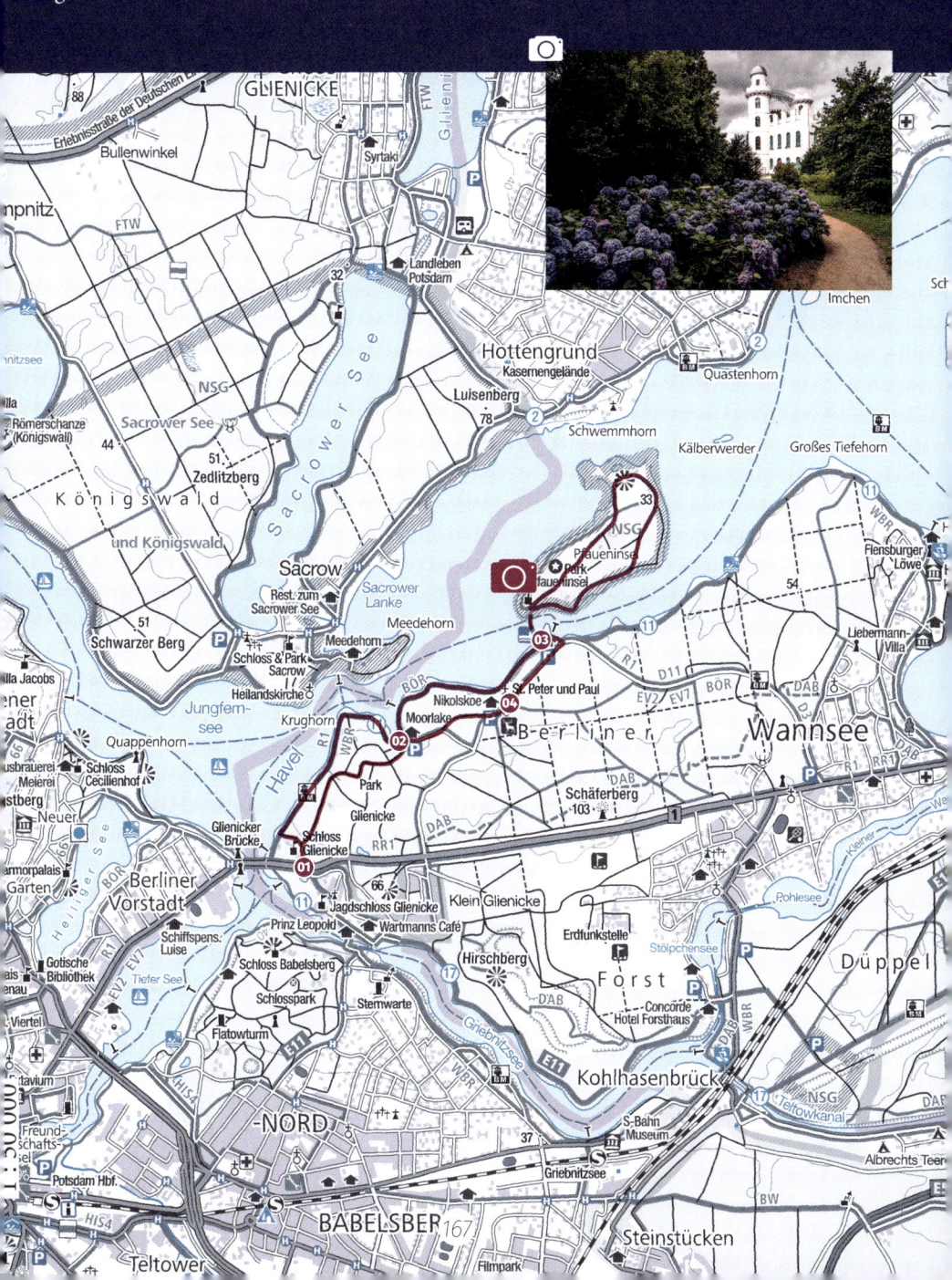

24 Der längste See im Land Brandenburg

Nördlich von Berlin führt ein sehr beliebter Wanderweg durch die wunderschöne Landschaft entlang des 14 km langen Ruppiner Binnensees nach Neuruppin.

Bilder von: **Manuel Krajewski**
@manuelkapunkt

Wustrau – Radensleben – Neuruppin

08
07
06
05
04
03
02
01

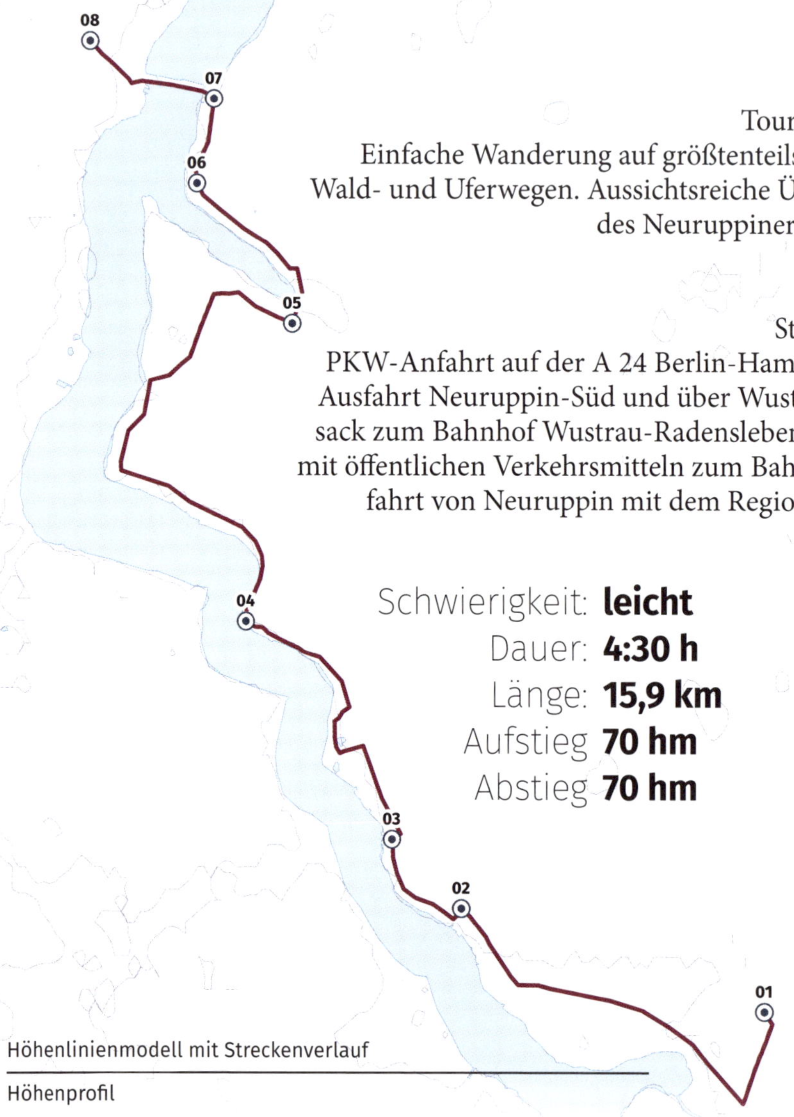

Tourencharakter
Einfache Wanderung auf größtenteils befestigten Wald- und Uferwegen. Aussichtsreiche Überquerung des Neuruppiner Seedamms.

Start und Ziel
PKW-Anfahrt auf der A 24 Berlin-Hamburg bis zur Ausfahrt Neuruppin-Süd und über Wustrau-Altfriesack zum Bahnhof Wustrau-Radensleben. Alternativ mit öffentlichen Verkehrsmitteln zum Bahnhof. Rückfahrt von Neuruppin mit dem Regionalzug RE6.

Schwierigkeit: **leicht**
Dauer: **4:30 h**
Länge: **15,9 km**
Aufstieg **70 hm**
Abstieg **70 hm**

Höhenlinienmodell mit Streckenverlauf

Höhenprofil

01 02 03 04 05 06 07 08
km
0 — 2 — 4 — 6 — 8 — 10 — 12 — 14 — 15,9

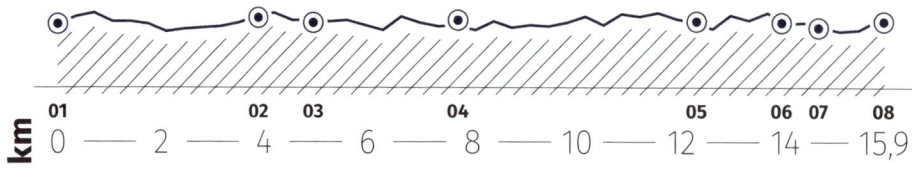

▶ Bei der Bahnhaltestelle Wustrau-Radensleben 🔲 beginnen wir die Wanderung in südwestliche Richtung. Es geht durch das weite Waldgebiet entlang der Landstraße 164. Nach 750 m zweigen wir rechts die Lange Straße ab. Entlang dieser wunderschönen Lindenallee gehen wir bis zum Kirchdorf Karwe 🔲. In der Ortsmitte – auf Höhe der Kirche – zweigt links der Wanderweg zum Ostufer des Ruppiner Sees ab. Dort gehen wir zunächst entlang der Uferpromenade, bevor der Wanderweg vor den Häusern der Siedlung Seehof 🔲 wieder zur Durchgangsstraße führt.

Nach ungefähr 600 m in nördlicher Richtung auf der Kreisstraße zweigt links die Straße Ober Seehof ab. Auf dieser gelangen wir wieder zum See. Hinter dem kleinen Bootshafen und denRastplätzen folgt ein landschaftlich sehr schöner Abschnitt bis zur Badestelle Gnewikow 🔲. Nach Verlassen der Ortschaft führt der Wanderweg zwischen Feldern und Bäumen auf der einen Seite und dem steil

Besser ein dummer Wanderer als ein Weiser, der zu Hause sitzt.

Sprichwort aus der Mongolei

zum See abfallenden Uferabschnitt auf der anderen Seite. Sobald der Weg eine Rechtskurve Richtung Norden macht, ergibt sich ein wunderschöner Blick auf Neuruppin. Kurz vor einer Hochspannungsleitung verlassen wir den Uferweg und gehen auf dem Sonnenlandweg und Dorfstraße bis zur Landesstraße 167.

Wir haben das Kirchdorf Wuthenow **05** erreicht, bekannt durch Fontanes Erzählung „Schach von Wuthenow". Nach Erreichen der Durchgangsstraße von Wuthenow gehen wir links und dann abermals links in

die Lindenallee. Dieser folgen wir durch ein Wohngebiet und hinter dem Hotel Waldfrieden **06** gelangen wir links wieder an das Ufer des Sees **O**. Wir erreichen den Neuruppiner Seedamm **07**, auf dem Wanderer, Fahrradfahrer, Personenkraftwagen und die Bahn aussichtsreich den Ruppiner See überqueren. Auf der Cityseite des Damms wechselt der Wanderweg rechts in die Ernst-Toller-Straße, die bis zur Haltesteller Neuruppin Rheinsberger Tor **08** führt. Von dort beginnt die Rückreise mit der Bahn bis zum Ausgangspunkt.

Dein Moment für die Ewigkeit

Wenn es Abend wird...

Besonders abends bei tiefer Sonne lassen sich spektakuläre Aufnahmen machen. Entscheidend dabei ist auch die Richtung, aus welcher das Licht kommt. Seitenlicht ist beispielsweise ideal, um dramatisch wirkende Schatten abzubilden, während sich Gegenlicht für traumhafte Sonnenuntergangsmotive eignet.

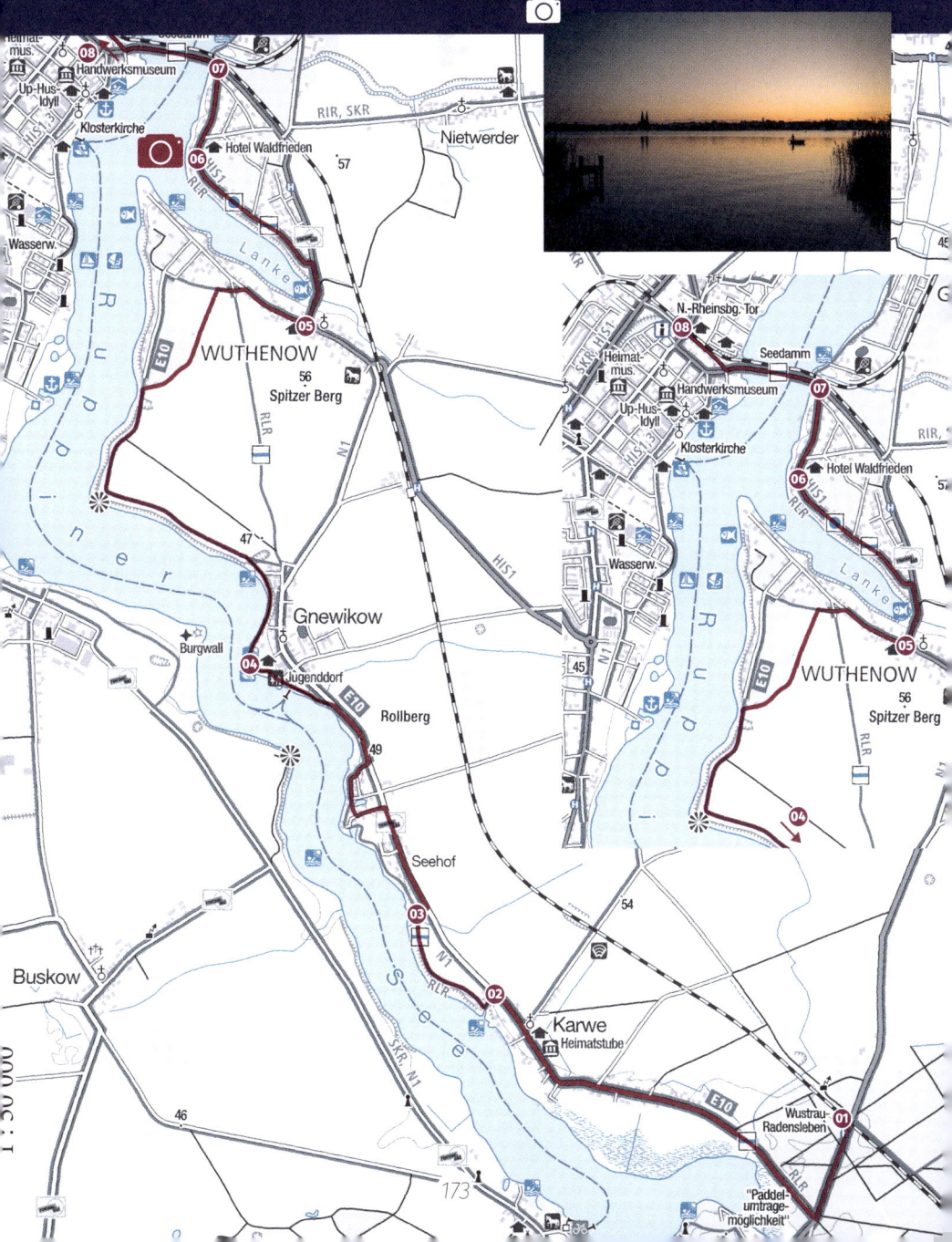

25 Mecklenburgische Seenplatte

Beworben wird die Region als „Land der 1.000 Seen". Als
Überbleibsel von Gletschern aus dem Norden wurden sie
schon sehr früh besiedelt. Einer der größten Seen ist die Binnenmüritz. Der Feisnecksee befindet sich südöstlich davon.

Bilder von: Katrin Schmidt @ceramos_17

Rund um die Feisneck

Tourencharakter
Eine wunderschöne „Wasserrund". Rundtour auf Wiesenpfaden und
Waldwegen; für Kinder gut begehbar; gut markiert und beschildert mit
einem gelben Schmetterling. Es gibt zwar keine Einkehrmöglichkeiten,
dafür sind mehrere Picknickmöglichkeiten an der Feisneck vorhanden.

Start und Ziel
Waren (Müritz); Wanderparkplatz an der Specker Straße; Eingangsbe-
reich zum Müritz-Nationalpark; hier befindet sich auch ein kleiner Spiel-
platz.

Schwierigkeit: **leicht**
Dauer: **2:00 h**
Länge: **8,5 km**
Aufstieg **0 hm**
Abstieg **0 hm**

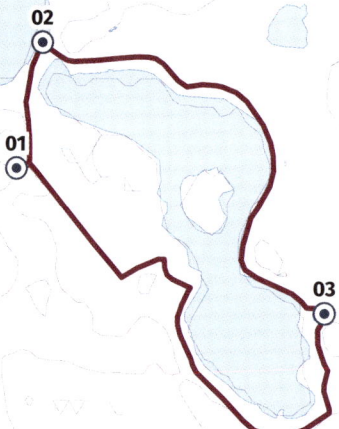

Höhenlinienmodell mit Streckenverlauf

Höhenprofil

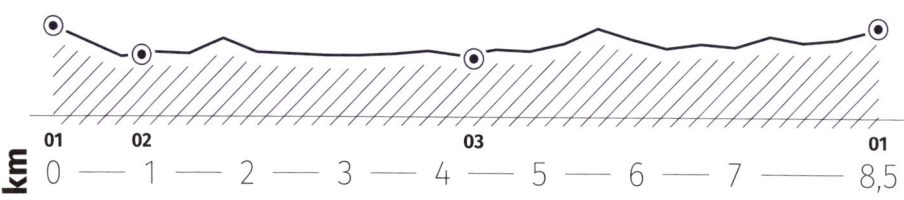

Rauhwollige Pommersche Landschafe. Diese sehr alte und ursprüngliche Schafrasse ist mittelgroß und besitzt graue, manchmal auch braune Wolle. Durch die Züchtung von Schafen mit feiner Wolle dezimierte sich die Anzahl der Pommerschen Landschafe, sodass sie sogar vom Aussterben bedroht waren. Man bemühte sich jedoch sehr intensiv um die Nachzucht, weshalb sie nun nicht mehr auf der Liste der akut gefährdeten Tierarten stehen. Die rauhwolligen Pommerschen Landschafe sind sehr robust und genügsam und eignen sich somit sehr gut für die Landschaftspflege. Sie werden hier eingesetzt um zu verhindern, dass Bäume und Sträucher die Offenlandschaft überwuchern.

Auf die Plätze, fertig, los! Vom Parkplatz **01** aus geht man links in die Specker Straße und folgt dem zweigeteilten Rad- und Gehweg. Über einen schmalen Landstreifen, der Binnenmüritz und Feisneck trennt, geht es weiter und biegt wenig später rechts in die Straße „An der Feisneck" ein, wo man an der Jugendherberge vorbeimarschiert. Nach ein paar Metern auf der Straße gibt es dann die Möglichkeit, näher an den See heranzugehen, von wo man einen schönen Blick auf die Feisneck **02** ⭘ hat.

Ein Sprung ins kühle Nass? Kurz darauf gibt es die erste Badestelle, die bewacht ist und sogar über einen Steg verfügt. Hier können Kinder gut im Sand spielen. Auf einem Pfad wandern wir weiter durchs Grüne. Nach circa einer halben Stunde erreicht man ein Gatter, das zur Weidefläche der rauhwolligen Pommerschen Landschafe führt. Hier gibt es auch eine Informationstafel, an der man Wissenswertes über die Landschaft und die Beweidung der Schafe erfährt.

Zeit für ein Picknick. Zehn Minuten später gabelt sich der Weg. Man wandert hier geradeaus, durchschreitet wiederum ein Tor und bleibt auf dem Weg am See entlang. Immer wieder gibt es auf dieser Seite der Feisneck die Möglichkeit, am Wasser ein Picknick zu machen. Es empfiehlt sich die Mitnahme einer Picknickdecke, da keine Bänke und Tische vorhanden sind. Wer sich gerne im kühlen Nass erfrischen möchte, dem bietet sich hier mehrfach die Gelegenheit.

Munter geht es weiter. Nach gut einer Stunde kommt man zum nächsten Tor. Seitlich davon liegt der kleine See Pumpe **03**. Man folgt dem Wegweiser „Gelber Schmetterling" nach rechts und marschiert nun wieder auf einem Waldweg. Nach ein paar Metern auf Betonplatten folgt man dem Schmetterling und biegt rechts in einen schmalen Waldpfad ein. Nun verläuft der Weg in einem schattigen Waldgebiet. Man hat hier nun nicht mehr die Möglichkeit zum Wasser zu kommen und ein Blick auf den See ist nur durch die Bäume möglich.

Tolle Aussicht genießen. Wandert man weiter, kommt man zu einem Picknickplatz mit Tischen und Bänken. Auf einem Steg, der ein Stück in die Feisneck hineinreicht, hat man einen wunderbaren Ausblick über den See. Bänke laden hier zum Verweilen und Entspannen ein. Ein fantastischer Aussichtspunkt, besonders wenn die Sonnenstrahlen im Wasser glitzern. Nach ein paar Metern gabelt sich der Weg, man folgt dem Schmetterling und geht rechts. Schmetterling, du kleines Ding. Immer wieder, vor allem nahe den Wiesen, kann man verschiedenfarbige Schmetterlinge, die sich hier tummeln, beobachten.

Das Ziel ist bald erreicht. An einer weiteren Weggabelung findet man einen schmalen Durchgang mit Poller bei einem Zaun. Man hält sich jedoch an den Wegweiser, folgt diesem nach links und entfernt sich somit vom Wasser. Bald darauf trifft man auf einen breiten geteerten Weg, in den man rechts einbiegt. Hier begegnen einem immer wieder Radfahrer, denn es ist sowohl ein Wander- als auch ein Radweg. Auf den letzten Metern bis zum Parkplatz **01** wandert man auf der Specker Straße entlang einer Wohnsiedlung, die rechter Hand liegt.

Dein Moment für die Ewigkeit

Wasser

Egal ob Seen, Flüsse, Bäche oder Wasserfälle. Durch verschiedene Belichtungseinstellungen gibt es zahlreiche Möglichkeiten Gewässer abzulichten. Seen bieten fast zu jeder Tageszeit, aber besonders bei Sonnenuntergang die romantischsten Fotomotive, so wie hier in den schönsten Pastellfarben.

26 Neuer Glanz, alter Stil

Die nach historischen Vorbildern aus den
1920er Jahren rekonstruierte und 1998 eröffnete
Seebrücke ist das alte und neue Wahrzeichen
von Sellin; 394 m ragt sie in die Ostsee hinaus.

Bilder von: **Nico Kaiser @muxpix**

Rügen: Binz – Granitz – Sellin

Tourencharakter
Durch die Buchenwälder der Granitz Waldwanderung mit schönen Aussichtspunkten und einigen Auf- und Abstiegen.

Start und Ziel
Binz, Wendeplatz vor der Seebrücke beim Kurhaus. Anfahrt auf der B 196 Bergen auf Rügen – Baabe und in Serams abzweigen nach Binz.

Schwierigkeit: **leicht**
Dauer: **4:15 h**
Länge: **14,1 km**
Aufstieg **168 hm**
Abstieg **168 hm**

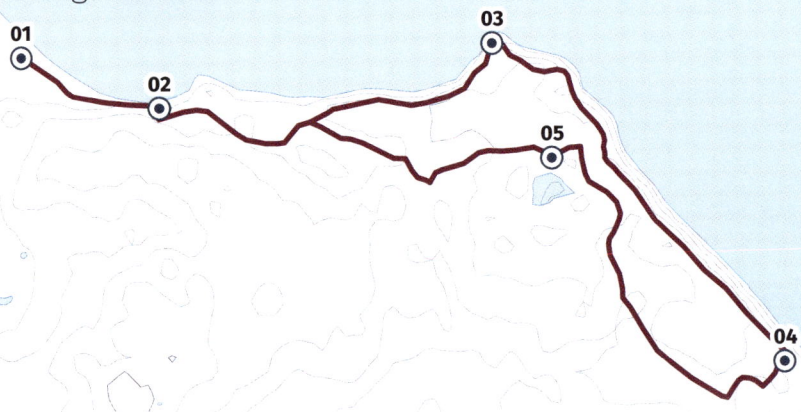

Höhenlinienmodell mit Streckenverlauf

Höhenprofil

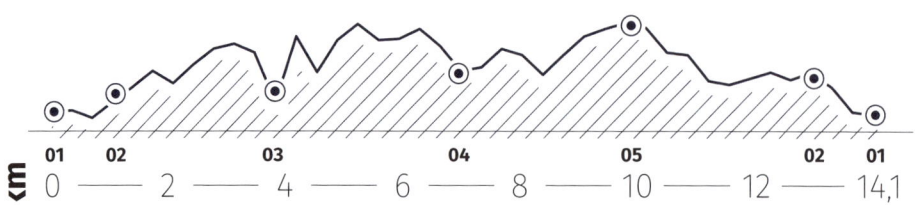

Vom Seebad Binz führt diese Wanderung aussichtsreich längs der Küste zum Seebad Sellin und durch die Buchenwälder der Granitz zurück.

▶ Vom Wendeplatz vor der Binzer Seebrücke **01** folgen wir der fahrradfähigen Strandpromenade rechts (südostwärts) in Richtung der Kliffküste zum Fischerstrand. Hier endet die Promenade und wir folgen dem Strandweg am Fuß der Klippen entlang weiter bis zur Teufelsschlucht.

Durch die Schlucht erfolgt der Aufstieg zum Hochuferweg, dem wir nun immer in stetem Auf und Ab durch die Wälder folgen. Erster markanter Punkt ist der bald erreichte Silvitzer Ort **02** (Abstecher), ein etwa 20 m hoher Aussichtsfelsen, von dem aus sich die gesamte Prorer Wiek überblicken lässt. Weiter geht es entlang dem Seehundsriff zum Küstenvorsprung Granitzer Ort **03**. Der Name „Seehundsriff" erinnert daran, dass sich hier bis ins 19. Jahrhundert ein Treffpunkt von Robben befand. Nun schwingt die Uferlinie ostwärts, und am aussichtsrei-

chen Schanzenort erkennen wir schon den Strand von Sellin. Dort wandern wir von der Aussichtsstelle oberhalb der Seebrücke 🔘 durch die Wilhelmstraße, die von Häusern der Bäderarchitektur gesäumte Prachtstraße von Sellin **04**, bis zur Kreuzung mit der Luftbadstraße (links) und der Kirchstraße (rechts). Wir biegen rechts in die Kirchstraße ein und folgen ihr über die Kreuzung mit der August-Bebel-Straße hinweg Richtung Mutter-Kind-Kurklinik und an der Klinik vorbei in die Wälder der Granitz hinein. An der nächsten Wegverzweigung besteht die Möglichkeit, links über das Jagdschloss Granitz nach Binz zurückzukehren (Markierung Rotstrich), doch wir folgen der Gelbstrichmarkierung geradeaus zum moorigen Schwarzen See **05** – ein schöner, stiller Platz im Rauschen der Wälder.

Vom Schwarzen See führt der Waldweg weiter zum Rastplatz an der Kreuzeiche. Von dort leitet die Gelbstrich-Markierung zurück zum Hochuferweg und zur Teufelsschlucht und anschließend weiter zur Binzer Seebrücke.

Von 1950 bis 1970 wurde im Brückenhaus fleißig getanzt.
In dieser Zeit verfiel leider auch die Bausubstanz.

Dein Moment für die Ewigkeit

Heb dich ab

Du willst ein einzigartiges Bild schießen, das sich von anderen Darstellungen abhebt? Dann mach das auch mit deinem Motiv. Nutze klare Kontraste, um dein Motiv vom Hintergrund abzuheben. Durch den tiefen Standpunkt wächst das Seebad klar über den Horizont und zeichnet so klare Konturen.

185

27 Gespenster im Wald?

Eigentlich heißt er Nienhagener Wald. Gerade bei schlechtem Wetter oder bei Dämmerung lassen die bizarren Waldformationen schnell erkennen, wie es zu dem Beinamen kam.

Bilder von:
Bernd Meissner @bernimeissner

Küstenwanderweg Stoltera und Nienhagener Gespensterwald

Tourencharakter
Entlang des Küstenwanderwegs Stoltera von Warnemünde nach Nienhagen.
Lange, aber einfache Wanderung auf gut markierten Wegen.

Start und Ziel
Start ist beim Bahnhof Warnemünde. Das Ziel ist die Bushaltestelle
„Nienhagen-West".

Schwierigkeit: **mittel**
Dauer: **3:30 h**
Länge: **12,7 km**
Aufstieg **22 hm**
Abstieg **26 hm**

Höhenlinienmodell mit Streckenverlauf

Höhenprofil

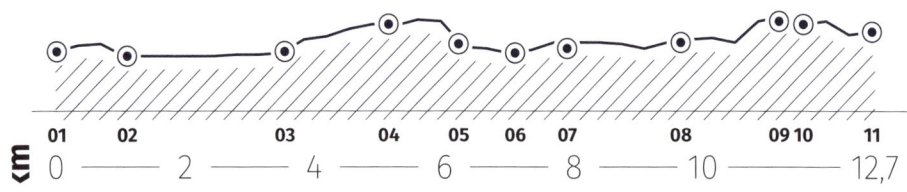

Das Seebad Warnemünde ist ein Ortsteil von Rostock – hier mündet die Warnow in die Ostsee. Bis 1821, als man den Badebetrieb aufnahm, war Warnemünde ein kleiner Hafen- und Fischerort. Der 150 m breite (und 3 km lange) Sandstrand zählt zu den breitesten entlang der Ostsee. Das Seebad hat einen liebenswerten Ortskern mit schmalen Gassen und hübschen Häusern. Der 3 km lange Küstenabschnitt Stoltera westlich von Warnemünde begeistert mit einem steilen, bis zu 20 m hohen Kliff. Der auf ihm stehende Küstenwald besteht aus Rot- und Hainbuchen, Stiel- und Roteichen, Birken sowie Edelkastanien. In den Steilhängen brüten Uferschwalben. Ziel der Wanderung ist der berühmte Gespensterwald von Nienhagen – hier prägen von steten Ostseewinden und Stürmen bizarr geformte Buchen den Steilküstenabschnitt.

▶ Wir starten am Bahnhof Warnemünde **01**, halten uns auf dem Vorplatz links und überqueren auf der Bahnhofsbrücke den Alten Strom. Auf der Drehbrücke sollte man sich Zeit nehmen, dem Treiben auf dem Wasser zuzusehen. Nach der Brücke halten wir uns rechts und befinden uns auf der Flaniermeile Warnemündes, die auf der Westseite des Alten Stroms verläuft. Der Weg Richtung Westmole und Leuchtturm wird gesäumt von liebevoll renovierten Kapitänshäusern, in denen heute allerdings keine Kapitäne mehr wohnen. Stattdessen wurden sie mit Geschäften und Gaststätten zu neuem Leben erweckt. Unterwegs lassen sich entspannt ein- und auslaufende Fischkutter, Ausflugsschiffe und stolze Jachten beobachten. Wir erreichen den Strand und blicken rechts von uns auf die 4 m hohe vergoldete Statue Esperanza, die seit 2012 die Mittelmole schmückt. Wir kommen zur Westmole **02** – der Bummel zur ihrer Spitze gehört zu einem Besuch des Ostseebades Warnemünde einfach dazu. 541 m ragt die Mole ins Fahrwasser hinein und wurde in

erster Linie als Schutz und Wellenbrecher gebaut. Vor allem bei Schlechtwetter wird hier den mit großer Kraft anbrandenden Ostseewellen die Energie genommen. Am äußersten Ende der Mole steht eine 12 m hohe Leuchtbarke, die die Einfahrt in den Hafen von Rostock erleichtert. Von hier aus hat man auch einen schönen Blick auf die Steilküste von Stoltera.

Zurück am Strand schauen wir auf zwei Wahrzeichen des Badeortes: Den 37 m hohen Leuchtturm (Aufstieg zur Plattform) und den Teepott Warnemünde mit mehreren Gastronomiebetrieben. Wir folgen nun der Wasserlinie und stellen fest, dass der Sandstrand zunehmend schmaler wird. Alternativ kann man auch der Seepromenade folgen, die direkt hinter den Dünen verläuft

(mit einem 2 km langen Planetenweg). Wir erreichen das westliche Ortsende von Warnemünde, wo der Küstenwald **03** und das 3 km lange Naturschutzgebiet Stoltera beginnen. Das Naturschutzgebiet schützt das mit Küstenwald bestandene Kliff und die angrenzenden Strand- und Flachwasserbereiche. Wir wechseln nun auf den Weg im Wald und folgen diesem bis zur Gaststätte Wilhelmshöhe **04** mit schöner Terrasse. Kurze Zeit später ist das Kap Stoltera/Kap Geinitzort **05** erreicht.

Wir wandern weiter nach Westen und erreichen eine Weggabelung **06**, an der ein Stichweg hinunter zum Strand Elmenhorst führt. Wir bleiben aber weiter auf der Höhe und erreichen eine weitere Treppe **07** hinunter zum Wasser. Bei einem überdachten

Dein Moment für die Ewigkeit

Weißabgleich

Die Weißabgleich-Funktion sagt der Kamera, um welche Farbtemperatur es sich handelt. Ist ein Bild zu „kalt" (leichter Blaustich) oder zu „warm" (Gelb- bis Orangestich), stimmt dieser Wert nicht. Bei Sonnenlicht ist die automatische Messung sehr gut. Im RAW Format lässt sich der Wert bei der Bildbearbeitung recht gut nachbearbeiten.

Sitzplatz **08** mit Treppe zum Strand haben wir die Steilküste Nienhagen erreicht. Wir verlassen schließlich den Küstenwald; der Weg führt über eine offene Wiese zum Strand von Nienhagen. Hinter dem Strand beginnt der berühmte Gespensterwald **09** , ein 100 m breiter und 1,3 km langer Buchenmischwald. Er verdankt seinen Namen den bizarren, durch Ostseewind und Winterstürme geformten Bäumen, die

dem Wald je nach Wetterlage und Jahreszeit einen gespenstischen oder märchenhaft anmutenden Charakter verleihen. Neben Buchen wachsen hier Eichen, Hainbuchen und Eschen – die Bäume erreichen ein stolzes Alter zwischen 90 und 170 Jahren.

Mit ihren Wurzeln ragen sie teilweise über die Kliffkante der Ostseesteilküste hinaus. Wegen ihrer vor dem Wind „fliehenden"

Kronen werden die Bäume auch Wind-flüchter genannt. An einer Weggabelung  kurz vor dem Ende des Gespensterwaldes wenden wir uns nach Süden und wandern an einem Parkplatz vorbei zum Ortseingang von Nienhagen. Dort wo die Waldstraße auf die Doberaner Straße trifft halten wir uns links zur Bushaltestelle „Nienhagen West" [11] gegenüber vom Parkplatz „Am Gespensterwald". Variante zurück entlang der

Ostsee: Um die traumhafte Steilküste in all ihren Facetten zu erleben empfiehlt sich der Rückweg entlang des Wassers – bis zum Bahnhof Warnemünde sind es knapp 11 km (2 ½ Std.). Am Ortseingang von Warnemünde kann man jedoch von der Bushaltestelle „Rostock-Warnemünde Strand" (Parkstraße beim Parkplatz „Strand Mitte") zum Bahnhof fahren und spart sich so 2,5 km Wegstrecke.

28 Weite bekommt hier eine ganz neue Bedeutung!

St. Peter-Ording, der größte Ort der Halbinsel Eiderstedt liegt direkt an der Nordsee und ist bekannt für seine breiten Sandstrände – eine Wanderung an der Küste entlang.

Bilder von: **Gregor Essi @greg.0.r**

Sankt Peter-Ordinger-Deichtour

Tourencharakter
Leichte Aussichtswanderung auf gepflegten Wegen.

Start und Ziel
Gebührenpflichtiger Parkplatz am Strandweg 15,
25826 St. Peter-Ording. Rückfahrt ab Bushaltestelle
„Überfahrt Böhler Strand-St.Peter-Ording".

Schwierigkeit: **leicht**
Dauer: **4:30 h**
Länge: **19,5 km**
Aufstieg **20 hm**
Abstieg **20 hm**

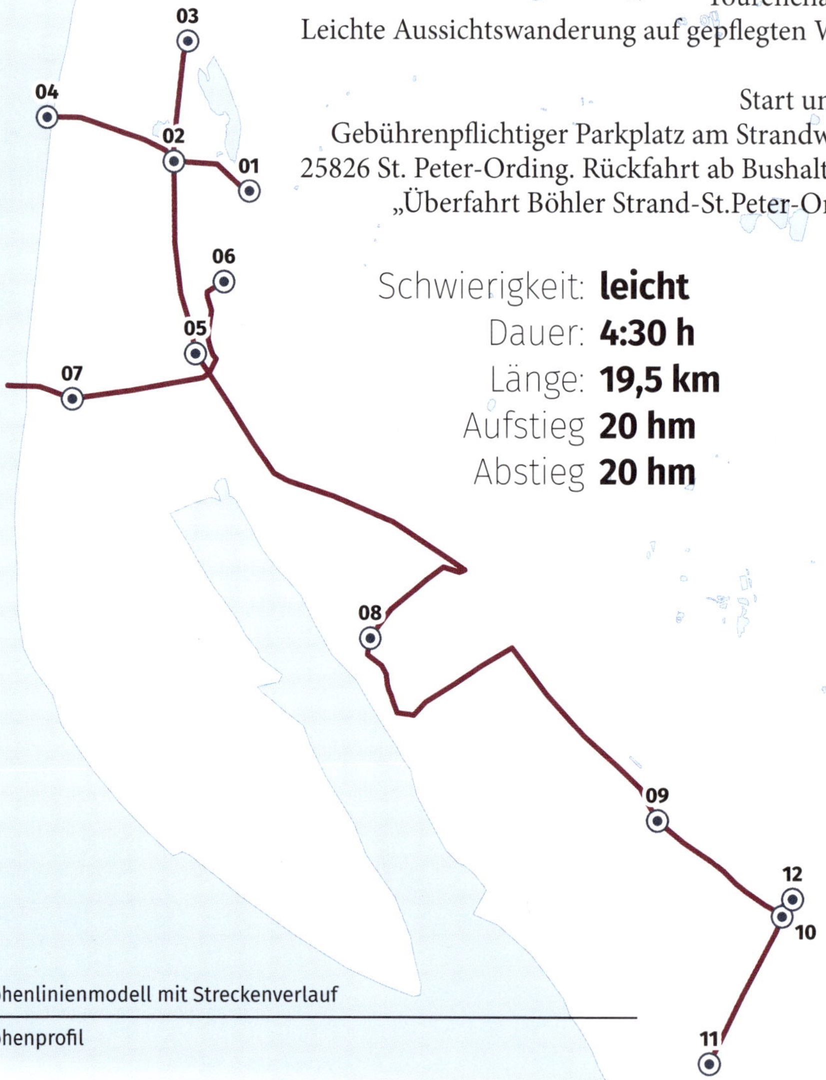

03
04
02
01
06
05
07
08
09
12
10
11

Höhenlinienmodell mit Streckenverlauf

Höhenprofil

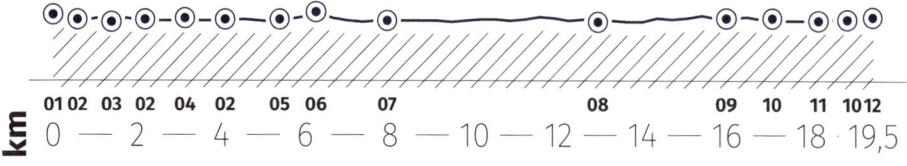

01 02	03	02	04	02	05 06	07	08	09	10	11	10 12

km 0 — 2 — 4 — 6 — 8 — 10 — 12 — 14 — 16 — 18 · 19,5

St. Peter-Ording liegt auf der Halbinsel Eiderstedt. Über eine Länge von 12 Kilometer und einer Breite von bis zu 2 Kilometer erstreckt sich der feinsandige Strand des Nordseebads – allein der Gang zum Wasser ist schon ein Spaziergang! Für das leibliche Wohl der Badegäste und Strandspaziergänger sorgen die auf Pfählen errichteten Restaurants, die bei Flut vom Wasser umspült werden. Die Deichtour führt uns, mit Strand- und Wattenmeerblick, zur Seebrücke beim Nationalpark-Zentrum in Bad Sankt Peter, zum Böhler Leuchtturm und zur Strandüberfahrt Böhl, und weiter über einen Naturlehrpfad zum Pfahlbau-Restaurant „Seekiste" im Wattenmeer.

▶ Vom Parkplatz **01** bei Ording führt der Strandweg zum „Yachthafen" **02** der Strandsegler am Seedeich. Wir halten uns rechts und wandern beim Fahrrad-Parkplatz vorbei zu einer Aussichtsplattform **03** mit Info-Tafeln – der Ausblick lohnt sich! 🄾 Zurück am „Yachthafen" **02** besteht noch die Möglichkeit für einen Abstecher zur Strandbar 54° Nord **04** oder/und zum Baden.

Mit Blick auf die Kite- und Surfzone wandern wir weiter südwärts. Verschiedene Parcours des Nordsee-Fitness-Parks erschließen die Wälder auf der Landseite für Wanderer, Spaziergänger und Walker. Hier erhebt sich auch Maleens Knoll, Sankt Peter Ordings höchste Düne; sie bietet einen fantastischen Rundumblick. Auf Höhe des Erlebnisbads Dünen-Therme **05** zweigt rechts der markierte Weg zur Düne **06** ab, ein Rad- und Fußweg führt hinaus zum Restaurant Arche Noah **07** auf der Großen Sandbank und zu den dortigen Stränden. Die Deichtour führt uns weiter Richtung Leuchtturm, auf der Landseite befindet sich der Kurpark. Am nächsten Parkplatz führt ein Rad- und Fußweg zum Pfahlbaurestaurant Strandhütte **08** am Südstrand, wie der Name schon sagt, auf Pfählen errichtet. Wir verlassen das Watt, kehren zum Deich zurück und wandern auf das Wahrzeichen des Ortsteils Böhl zu, dem 1892 auf dem Deich errichteten 18,4 m hohen Leuchtturm **09**, der noch in Betrieb ist. Bald darauf ist der Zugangssteg **10** zur Seekiste **11** erreicht, einem wiederum auf Pfählen errichteten Restaurant am Böhler Strand. Wie beim Ordinger Strand fahren die Badegäste im Sommer mit ihren Pkws bis zum Strand. Unweit des Zugangsstegs **10** befindet sich die Bushaltestelle **12** „Überfahrt Böhler-Strand-St. Peter-Ording", dem Endpunkt unserer Wanderung.

Dein Moment für die Ewigkeit

Fokus – was soll scharf sein?

Hier ist die knallige Boje im Vordergrund scharf und das Bild verblasst nach hinten. Es wäre auch umgekehrt möglich: Den Vordergrund unscharf gestellt und den Hintergrund scharf. Überleg dir gut, welcher Teil deines Bildes scharf sein soll und steuer diese Schärfe über Fokus und Blende. Je höher die Blendenzahl, desto höher die Tiefenschärfe.

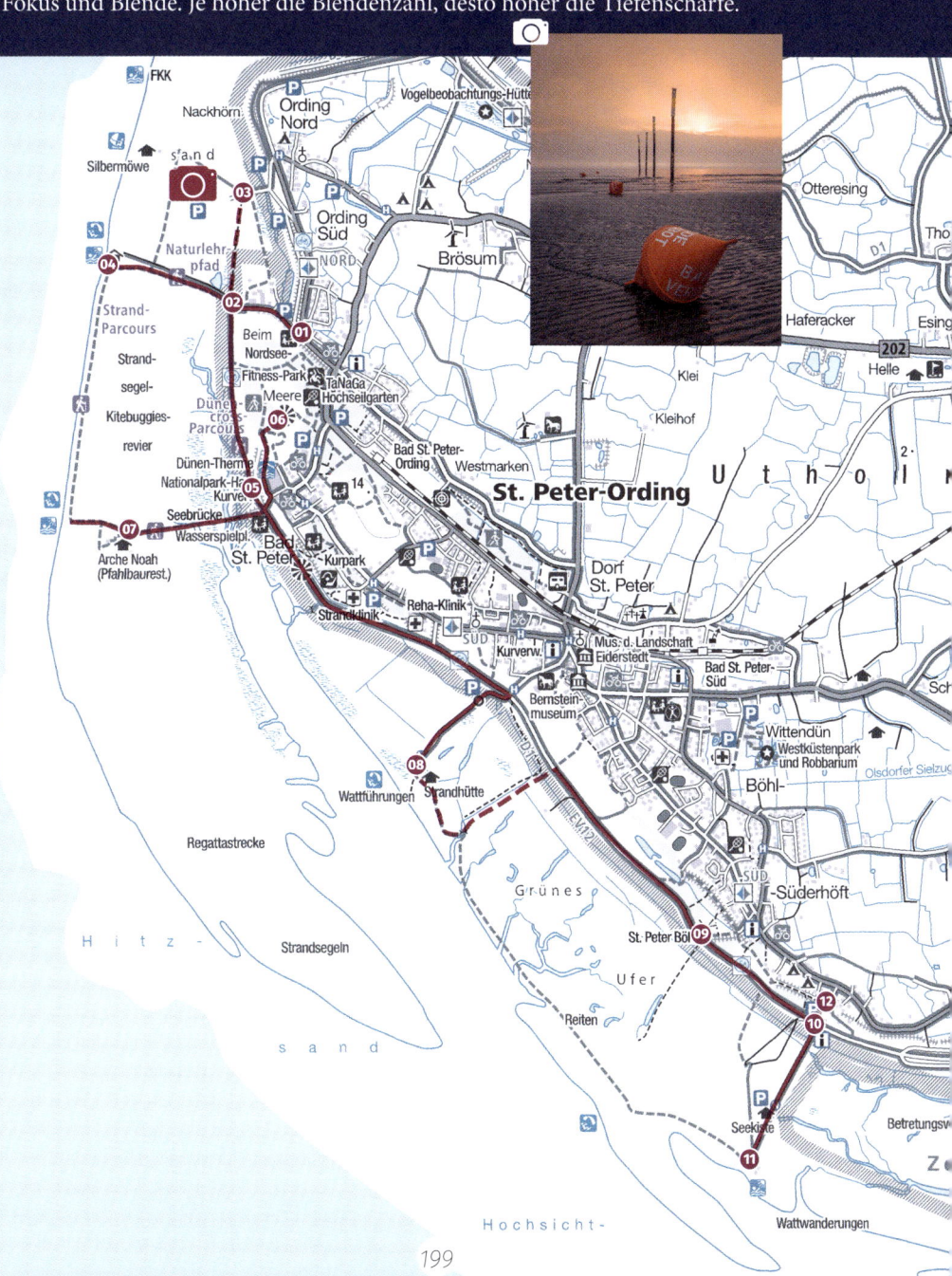

29 Hochsee-Feeling

„Deutschlands einzige Hochseeinsel", so wird Helgoland gerne genannt. Ganz stimmen tut das zwar nicht, aber man genießt weitestgehend Sonderregelungen, was Zoll und Steuern anbelangt. Mit einer gewaltigen Flut wurde die kleine Insel „Düne" von der Hauptinsel 1721 abgetrennt.

Bilder von: **Bernd Meissner**
@bernimeissner

Helgoland: Klippenrandweg

Tourencharakter
Unschwere Wanderung auf gut markierten Wegen entlang der spektakulären Klippen – unbedingt an ein Fernglas denken!

Start und Ziel
Unterland, Restaurant Bunte Kuh, Ecke Invasorenpfad/Am Südstrand.

Schwierigkeit: **leicht**
Dauer: **1:30 h**
Länge: **4,2 km**
Aufstieg **65 hm**
Abstieg **65 hm**

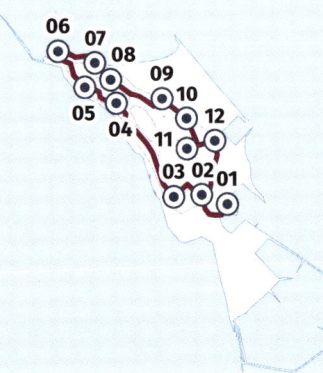

Höhenlinienmodell mit Streckenverlauf

Höhenprofil

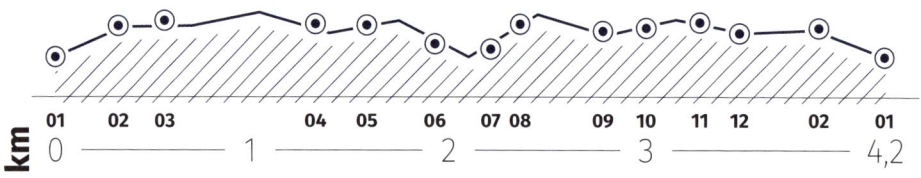

Solange der Wind nicht weht, ist selbst die Daunenfeder von ihrer Schwere überzeugt.

Russisches Sprichwort

Deutschlands einzige Hochseeinsel liegt 70 km von der friesischen Küste entfernt in der Deutschen Bucht; die Hauptinsel ist etwa 1 km² groß, die Nebeninsel Düne etwas kleiner. Mit bis zu 62 m Höhe erheben sich die Helgoländer Sandsteinfelsen markant aus der Nordsee. Der Klippenrandweg ist mit vielen Bänken zum Ausruhen, Genießen und Beobachten ausgestattet. Zu sehen sind neben den imposanten Klippen vorbeifahrende Schiffe, sonnenbadende Seehunde und unzählige Seevögel, die in den steilen Klippen brüten.

▶ Wir starten im Unterland am Hafen 🅾 beim Restaurant Bunte Kuh **01** und steigen über den Weg „Invasorenpfad" und die Südtreppe hinauf zur ersten Aussichtsplattform am Berliner Bär **02**. Wir halten uns links und folgen nun dem Klippenrandweg, der vorbei am 113 m hohen Sendemast zur Aussichtsplattform Südspitze **03** führt. Der Klippenrandweg folgt in vielen Windungen der Topografie der Insel, führt vorbei am Leuchtturm und bietet schon bald erste Blicke auf den 47 m hohen freistehenden Felsen Lange Anna. Je näher wir der Langen Anna kommen, umso lauter wird das Geschrei der Basstölpel, die hier in den Klippen brüten. Wir passieren das Gipfelkreuz des 61 m hohen Pinnebergs **04**. Bald darauf erreichen wir die Lummenfelsen **05**, wo die „heimlichen Stars" der Insel, die Trottellummen, dicht aneinandergedrängt in der Felswand brüten. Sie teilen sich die Klippen mit Möwen und

Basstölpel. Vor allem Letztgenannte lassen sich gut beobachten, brüten sie doch in geringer Entfernung vom Weg auf der Klippe. Das Wahrzeichen der Insel, die Lange Anna **06**, ist fest in der Hand der (weißen) Basstölpel und der (schwarzen) Trottellummen. Die Nordspitze der Insel ist von fortschreitender Erosion bedroht, aus diesem Grund darf man auch nicht mehr die einstige Aussichtsplattform betreten. Von der Langen Anna geht es entlang der Nordspitze zum Beginn der Treppe **07**, die einen Abstieg zum tief unten liegenden Nordstrand (Baden ist dort nicht erlaubt!) ermöglicht. Wenige Meter nach der Treppe ist rechts der kreisrunde Trichter **08** einer 5000-kg-Bombe zu sehen. Das Oberland ist übersät mit Trichtern, die an die Bombenangriffe auf Helgoland vor und nach dem Zweiten Weltkrieg erinnern.

Wir erreichen die ersten Gebäude der Kleingartenkolonie **09** und biegen an einer Weggabelung nach links ab und folgen dem Klippenrandweg durch die Kleingartenanlage, bis er auf die Norderstraße **10** trifft. Wir überqueren diese und gehen geradeaus auf der Lummenstraße vor zum Inselfriedhof. Dort lohnt sich die Besichtigung der Inselkirche St. Nicolai **11**. Die Lummenstraße mündet in die Kirchstraße ein, in die wir links abbiegen. An der T-Kreuzung gehen wir rechts in die Straße „Am Falm" mit der Möglichkeit zu einem Abstecher zur Aussichtsplattform **12** mit Blick aufs Unterland. Die Straße „Am Falm" führt – vorbei am Aufzug – zurück zur ersten Aussichtsplattform **02**.

Über die Südtreppe geht es bergab zum Ausgangspunkt **01**.

Dein Moment für die Ewigkeit

Bildkomposition …

… das ist das A und O der Fotografie. Ein klassischer Trick ist, einen leeren Diarahmen vor das Auge zu halten. Genau so ist Fotografieren – man muss selbst den Bildausschnitt festlegen. Das geschieht mit der Brennweite, dem Standort und natürlich der Perspektive.

30 Das Rote Kliff – imposantes Wahrzeichen der Insel Sylt und Norddeutschlands

Die rote Verfärbung des Kliffs entsteht durch den Sauerstoffeinfluss auf den eisenhaltigen Lehm. Besonders im Abendlicht bei Sonnenuntergang leuchtet das Rote Kliff in einer kräftigen Farbe und schafft eine ganz besondere Atmosphäre am Kampener Strand.

Bilder von: **Kerstin Bittner**
@kerstinbittner_fotografie

Sylt: Westerland – Rotes Kliff

02

Tourencharakter
Leichte Strand- und Dünenwanderung mit Bademöglichkeit
und für Sylt überraschend vielen Anstiegen; auf dem
Kliffweg ist Schwindelfreiheit passagenweise von Vorteil,
nur der Süden des Kliffwegs ist geländergesichert.

Start und Ziel
Kurpromenade am Brandenburger Strand am Ende
der Strandstraße in Westerland; mehrere Großpark-
plätze, z. B. an der Brandenburger Straße und auf
dem Brandenburger Platz, Strandstraße, 25980 Sylt.

Schwierigkeit: **leicht**
Dauer: **4:30 h**
Länge: **14,4 km**
Aufstieg **20 hm**
Abstieg **20 hm**

01

Höhenlinienmodell mit Streckenverlauf

Höhenprofil

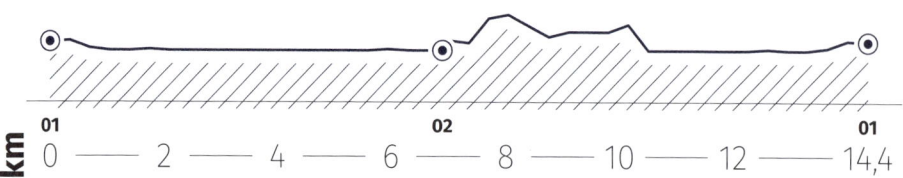

01   02   01

km
0 —— 2 —— 4 —— 6 —— 8 —— 10 —— 12 —— 14,4

Ich liebe diese Sturmtage am Meer, wenn der Wind mich komplett sorgenfrei pustet.

www.kuestenglueck.com

Die Steilküste Rotes Kliff ist das Wahrzeichen von Sylt, der Kliffweg an der Abbruchkante der spektakulärste Wanderweg entlang der deutschen Nordseeküste. Die aussichtsreiche Uwedüne im Heide-Naturschutzgebiet „Dünenlandschaft auf dem Roten Kliff" bildet mit 52 Meter die höchste Erhebung aller Inseln im Wattenmeer. Der Tourismus Service Kampen bietet geologische Führungen auf dem Roten Kliff an.

▶ Am Brandenburger Strand **01** des Seebads und Sylt-Hauptortes Westerland führt die Kurpromenade nordwärts, alternative Route ist der feuchte Sand vor der Wasserlinie. An den Zentralstrand schließen das Surfgebiet, ein Badestrand und der (behindertengerechte) Seenot-Strand mit dem Café-Restaurant „Die Seenot" an. Die Kurpromenade verwandelt sich in einen Lattenweg, der wenig später endet. Weiter geht es durch den Sand am Wasser entlang bis zu den Stränden unterhalb der Nordseeklinik, ehe das Restaurant Gosch Kliffkieker am Ende der Wenningstedter Strandstraße zur Einkehr einlädt. Am nächsten Übergang 33 (auffällige Holztreppen- und Aussichtskanzel-Konstruktion) am Ende der Berthin-Bleeg-Straße, geht es rechts hinauf zur Aussichtsplattform über dem Wenningstedter Strand. Hier beginnt am Gästekarten-Kontrollhäuschen der Kliffweg, der zunächst als Holzlattensteg auf der Hangschulter der Kliffküste 25 Meter über dem Strandkorb-

strand führt. Der Lattensteg ist dem Gelände angepasst und beinhaltet kleinere Auf- und Abstiege in Stufen. Am Übergang 32 unterbrechen Sanitäranlagen den Holzlattensteg, vor dem Übergang 31 steht auf 100 Douglasienstämmen am Klifffuß das Restaurant Wonnemeyer am Strand. Die Lattenkonstruktionen am Kliffweg enden nun weitgehend. Teils als Weg, teils als sandiger Pfad folgt der Kliffweg der Abbruchkante des Roten Kliffs und gewinnt nach Passieren von Übergang 30 **02** an der hier besonders spektakulären Kliffkante den Bereich der höchsten Erhebung der Insel. Bald darauf verlässt der Kliffweg die Abbruchkante und erreicht die Stufenanlage zur Panoramaplattform auf der Uwedüne (52,5 Meter). Benannt ist die höchste Erhebung von Sylt nach dem Keitumer Uwe-Jens Lornsen (1793–1838), Vorkämpfer für ein von Dänemark unabhängiges „Schleswigholstein". Von der Uwedüne führt ein Weg nordwärts zur Kampener Kurhausstraße und durch die Heide zum Panoramarestaurant Sturmhaube, wo der Übergang 29 vor dem Kliffende zurück zum Strand führt. Mit schönen Blicken zu den imposanten Steilhängen des Roten Kliffs geht es südwärts, bis zuletzt wieder die Kurpromenade erreicht wird. Sie bringt uns zum Ausgangspunkt am Brandenburger Strand **01** in Westerland zurück.

Dein Moment für die Ewigkeit

Timing ...

... ist ein wichtiger Faktor, gerade bei Sonnenuntergangsbildern. Die Position der Kamera sowie alle Einstellungen sollten rechtzeitig vorgenommen worden sein, um das abendliche Spektakel einzufangen.

1 : 50 000

Wanderlexikon

Alles eine Frage des Verständnisses: Eine kurze Erklärung der wichtigsten Grundbegriffe rund ums Wandern und Bergsteigen.

Schwierigkeit: Die Einteilung erfolgt nach der Länge, der zu leistenden Höhenmeter und den technischen Ansprüchen der Tour.

Leicht: Einfache Wanderungen ohne besondere Anforderungen und nötige Vorkenntnisse.

Mittel: Wanderungen mit zum Teil steilen Anstiegen oder kurzen ausgesetzten Stellen. Schlüsselstellen und Schwierigkeiten werden im Tourencharakter beschrieben. Eine grundlegende Ausdauer und Wandererfahrung wird vorausgesetzt.

Schwer: Lange und/oder anspruchsvolle Wanderungen oder Bergtouren. Die Tour kann über steile und ausgesetzte Pfade führen. Gute Kondition, Trittsicherheit und Schwindelfreiheit sind je nach Charakter der Tour erforderlich.

Leichte Kletterei: Schwindelfreiheit und feste Bergschuhe sind erforderlich. Diese Passagen sind nur unter Zuhilfenahme der Hände zu bewerkstelligen.

Seilversichert: Schlüsselstellen sind mit (zumeist) verankerten Stahlseilen gesichert.

Markierter Wanderweg: Ausgeschilderter und zumeist nummerierter Wanderweg. Die Wegenummern werden in der Tourenbeschreibung und in der Karte aufgegriffen.

Variante: Vorschlag die Tour zu erweitern oder ein alternativer Routenverlauf.

Weiter wandern

Auf den Geschmack gekommen? Die umliegende Region bietet ein wahres Füllhorn attraktiver Spaziergänge, Wanderungen und Touren. Hier findest du nützliche Infos und Adressen.

KOMPASS–Dein Augenblick

Dein Augenblick 1690 Deutschland,
Dein Augenblick 1684 Harz,
Dein Augenblick 1683 Eifel,
Dein Augenblick 1681 Schwarzwald,
Dein Augenblick 1679 Bayerische Alpen,
Dein Augenblick 1339 Remstal &
Schwäbische Alb, Backnanger Bucht,
Dein Augenblick 1318 Sauerland,
Dein Augenblick 1328 Region Zugspitze,
Dein Augenblick 1309 Bodensee,
Dein Augenblick 1306 Fränkische Schweiz,
Dein Augenblick 1305 Berlin & Brandenburg,
Dein Augenblick 1304 Ruhrgebiet,
Dein Augenblick 1302 Ostsee,
Dein Augenblick 1301 Nordsee;

Touristische Informationen

Deutsche Zentrale für Tourismus e.V.
Beethovenstraße 69
60325 Frankfurt/Main
Tel. +49 (0)69 974640
info@germany.travel
www.germany.travel

Deutscher Alpenverein e.V.
Bundesgeschäftsstelle
Anni–Albers–Straße 7
80807 München
Tel. +49 (0)89/14003–0
info@alpenverein.de
www.alpenverein.de

Deutscher Wetterdienst
info@dwd.de
www.dwd.de

Deine Orientierung

Für das Navigationsgerät deiner Wahl haben wir alle Touren als GPX-Track zum Download.

Du planst und navigierst lieber digital? Dafür haben wir alle Touren auf unserer Webseite für dich

www.kompass.de/gpx

Damit kommst du direkt zum Download-Bereich. Einfach das richtige Produkt auswählen, herunterladen und auf das Zielgerät oder in die gewünschte App importieren.

GPX-Track

GPX ist ein Datenformat für Geodaten. Mit einem GPX-Track bekommst du die rote Linie, also den Pfad, als geografische Koordinaten.

N 47° 24' 50.0076"
E 10° 20' 48.0336"

N 47° 23' 35.9988"
E 10° 22' 50.9988"

Impressum

© KOMPASS-Karten GmbH, Karl-Kapferer-Straße 5, A-6020 Innsbruck
1. Auflage 2024 (24.01.)   Verlagsnummer 1340
ISBN 978-3-99154-094-6

Konzept und Bildnachweis

Konzept und Gestaltung: Thomas Kargl
Projektleitung: Julia Flory
Text und Fotos (soweit nicht anders angegeben): KOMPASS–Karten
Titelbild: Bei der Barbarine von Anne Köhler
Grafische Herstellung: KOMPASS–Karten
Bildnachweis aufgelistet mit der Seitenzahl nach Fotografen: Anna–Maria Kurz 58–65, Anne Koehler 138 – 149, Bernhard Meissner 186–193, 200–205, 213; Christoph Zeug 79– 83; Dominik Schmidhuber 72–77, Fabian Künzel (†) 19, 20; Fabian Pfitzinger 156–161, 162–167; Gregor Essi 194–199, Janis Wieczorek 126–131, 132–137; Johannes Nickel 40–45, 215; Katharina Wildenhof 66–71; Katrin Schmidt 174–179, Kerstin Bittner 206–211; Klaus–Peter Kappest 120–125; Leo Schindzielorz 16/17, 34–39, Cover Rückseite; Manuel Krajewski 168 –173; Marc Wesel 17, 90–95; Marco Debus 1, 52–57, 212; Maren Hildebrand 108–119, Martin Hübner & Jonas Hübner 25, 102–107; Michael Corona 28–33; Nico Kaiser 180–185; Peter Becker 150–155; Tayisiya Yerygina 4–5, 16, 112/213, 96–101, 216; Thomas Kargl 23, 46–51; Vanessa Faltenbacher 84–89;

Alle Angaben und Routenbeschreibungen wurden nach bestem Wissen gemäß unserer derzeitigen Informationslage gemacht. Die Wanderungen wurden sehr sorgfältig ausgewählt und beschrieben, Schwierigkeiten werden im Text kurz angegeben. Es können jedoch Änderungen an Wegen und im aktuellen Naturzustand eintreten. Wanderer und alle Kartenbenützer müssen darauf achten, dass aufgrund ständiger Veränderungen die Wegzustände bezüglich Begehbarkeit sich nicht mit den Angaben in der Karte decken müssen. Bei der großen Fülle des bearbeiteten Materials sind daher vereinzelte Fehler und Unstimmigkeiten nicht vermeidbar. Die Verwendung dieses Führers erfolgt ausschließlich auf eigenes Risiko und auf eigene Gefahr, somit eigenverantwortlich. Eine Haftung für etwaige Unfälle oder Schäden jeder Art wird daher nicht übernommen. Für Berichtigungen und Verbesserungsvorschläge ist die Redaktion stets dankbar.
Erzähl uns von deinen Abenteuern auf Instagram und Facebook mit:

#folgedeinemKOMPASS